二战经典**战役**系列丛书

核袭日本

白隼　编著

北方联合出版传媒(集团)股份有限公司

万卷出版公司

© 白隼 2018

图书在版编目（CIP）数据

核袭日本 / 白隼编著. — 沈阳：万卷出版公司，
2018.8（2021.1重印）

（二战经典战役系列丛书）

ISBN 978-7-5470-4956-3

Ⅰ.①核… Ⅱ.①白… Ⅲ.①美国对日本广岛、长崎
原子突袭（1945）– 史料 Ⅳ.①E195.2

中国版本图书馆CIP数据核字（2018）第118838号

出 品 人：王维良
出版发行：北方联合出版传媒（集团）股份有限公司
　　　　　万卷出版公司
　　　　　（地址：沈阳市和平区十一纬路25号　邮编：110003）
印 刷 者：华睿林（天津）印刷有限公司
经 销 者：全国新华书店
幅面尺寸：170mm×240mm
字　　数：208千字
印　　张：14.5
出版时间：2018年8月第1版
印刷时间：2021年1月第2次印刷
丛书策划：陈亚明　李文天
责任编辑：赵新楠
责任校对：张希茹
装帧设计：亓子奇
ISBN 978-7-5470-4956-3
定　　价：49.80元
联系电话：024-23284090
传　　真：024-23284448

前　言

1931 年 9 月 18 日，日本关东军在沈阳制造了九一八事变，日本帝国主义的魔爪开始伸向有着五千年文明的中华大地，中国最屈辱的历史从此开始。1939 年 9 月 1 日，希特勒独裁下的德国军队闪击波兰，欧洲大地不再太平，欧洲人的血泪史从此开始书写。一年后，德国、意大利、日本三个武装到牙齿的独裁国家结盟，"轴心国"三个字由此成为恐怖、邪恶、嗜血的代名词。

德、意、日三国结盟将侵略战争推向极致。这场战争不仅旷日持久，而且影响深远。人类自有战争以来从未有过如此大规模、大杀伤力、大破坏力的合伙野蛮入侵。"轴心国"的疯狂侵略令全世界震惊。

面对强悍到无以复加的德国战车，面对日本军队疯狂的武士道自杀式攻击，被侵略民族不但没有胆怯，反而挺身而出，为了民族独立，为了世界和平，他们用一腔热血抒写不屈的抵抗，用超人的智慧和钢铁意志毫不犹豫地击碎法西斯野兽的头颅。

战役是孕育名将的土壤，而名将则让这块土壤更加肥沃。这场规模空前的世界大战，在给全世界人民带来无尽灾难的同时，也造就了军事史上几十个伟大的经典战役，而这些经典战役又孕育出永载史册的伟大军事家。如果把战役比作耀眼华贵的桂冠，那么战役中涌现出的名将则是桂冠上夺目的明珠。桂冠因明珠而生辉，明珠因桂冠而增色。

鉴于此，我们编辑出版了这套《二战经典战役系列丛书》。其实，编辑出版这套丛书是我们早已有之的宏愿，从选题论证、搜集资料、确定方向到编撰成稿，历经六个春秋。最终确定下来的这20个战役可谓经典中的经典，如历史上规模最大的海战莱特湾大战，历史上规模最大的航母绝杀，历史上规模最大、最惨烈的库尔斯克坦克绞杀战……我们经过精心比对遴选出的这些战役，个个都特色鲜明，要么让人热血沸腾，要么让人拍案叫绝，要么让人扼腕叹息，抑或兼而有之。这些战役资料的整理花费了我们相当多的时间和精力，兴奋、激动、彷徨、纠结，一言难尽。个中滋味，唯有当事人晓得。

20个战役确定下来后就是内容结构的搭建问题。我们反复比对已出版的类似书籍，经过研究论证，最终形成了自己的特色。历史拐点（时间点）往往是爆发点，决定历史的走向，而在这个历史拐点上，世界上其他地方正在发生什么？相信很多人对此都会比较感兴趣。因此，我们摈弃了传统的单纯纪事本末叙述方式，采用以时间轴为主兼顾本末纪事的新颖体例。具体来说，就是在按时间叙事的同时，穿插同一时间点上其他战场在发生什么，尤其是适当地插入中国战场的情况，扩大了读者的视野。

本套丛书共20册，每册一个战役，图文并茂，具有叙事的准确性与故事的可读性，并以对话凸显人物性格和战争的激烈与残酷。每册包含几十幅精美图片，并配有极具个性的图说，以图点文，以文释图，图文相得益彰。另外，本套丛书还加入了大量的原始资料（文件、命令、讲话），并使其自然融入相关内容。这样，在可读性的基础上，这套丛书又具备了一定的史料价值，历史真实感呼之欲出，让读者朋友不由自主地产生一种穿越的幻觉。

本套丛书的宗旨是让读者朋友在轻松阅读的同时，对第二次世界大战有一个整体的认知，力求用相关人物的命令、信件、讲话帮助读者触摸真实的历史、真实的战场，真切感受浓浓的硝烟、扑鼻的血腥和二战灵魂人物举手投足间摄人心魄的魅力。

品读战役，也是在品读英雄、品读人生，更是在品读历史。战役有血雨腥风，但也呼唤人道。真正的名将是为阻止战争而战的，他们虽手持利剑，心中呼唤的却是和平。相信读者朋友在读过本套丛书后，能够对战争和名将有一个不一样的认识。

最后，谨以此书献给那些为和平、为幸福奋斗不息的人们！

目 录

第一章　战火烧向日本

　　金属被高温熔化，人和木头在令人窒息的高温中自燃。许多躲在防空洞里的人被活活烤死，四下奔逃的人群近乎疯狂，很多人纷纷跳入附近的池塘和河流，但是大火形成的高温将池塘里的水都煮开了。跳进水中试图避难的人们都被滚烫的开水活活煮死。

◎ 要决死，成全你

轰鸣的枪炮声将支离破碎的世界送入 1945 年，这也是日本法西斯全面挑起战争的第八个年头，疯狂的武装侵略几乎耗尽了这个弹丸小国的一切。针对极度危难的局面，日军大本营颁布了《陆海军作战大纲》，这个大纲以美军为主要敌人，以本土为重点建立牢固的防御体系。大纲规定，为保卫本土进行纵深作战的前沿为南千岛、小笠原群岛、西南诸岛及台湾和上海附近，一旦美军在这些地方登陆，要倾尽全力进行反击，尽力消耗其有生力量，阻止美军在这些地方设置基地。

1944 年 9 月，日军开始加强硫磺岛的防御，派栗林忠道率第一〇九师团、第二独立混成旅团和加强第一四五步兵联队共 2.3 万人担任该岛的防御。另外，海军陆战队 7000 人及 30 架飞机也归其指挥。

硫磺岛是一个没有完全冷却的火山岛，位于东京以南 1200 余公里，该岛南端折钵山的火山口喷出的雾气和硫黄弥漫全岛。岛的中部是一片洼地，洼地以北地形逐渐隆起，其中有几个孤峰，海拔约 120 米。折钵山脚下有海滩向北和向东延伸，两海滩各约 3.2 公里，其余海岸线多为悬崖峭壁。岛上大部分地区被很厚的棕色的火山灰烬和黑色的火山岩烬覆盖。这些灰烬看起来像沙，但比沙要轻得多，人在上面很难行走，即使履带车辆也得铺上垫板才能通过。岛上缺少淡水，仅有的几处地下水源流出的水也有一股浓烈的硫黄味。就算是这种能喝而不好喝的水也要配给，由此可见岛上缺水的程度。早在 1944 年，美军就开始空袭硫磺岛，从 1945 年 1 月 3 日开始，美军昼夜不停地对硫磺岛进行轰炸。

硫磺岛战役惨状

1945 年 1 月，柯蒂斯·李梅少将被任命为美军第二十一轰炸机联队司令。李梅上任后，对所部官兵展开魔鬼训练，训练强度之大达到了让部队官兵渴望战斗的程度——和日常训练的强度相比，实战简直就是日常休息。在这种求战心切的情绪鼓动下，自 1945 年 1 月至 3 月，第二十一轰炸机联队先后出动 B-29 轰炸机 1200 架次，对日本本土实施了 16 次轰炸，投弹 5000 吨。空袭中被日军战斗机和高炮击落 29 架，机械故障坠毁 21 架，其他原因损失15 架，总共损失了 65 架。然而，轰炸效果很不理想，主要原因是日本工业与德国完全不同，主要是由散布在居民区的小作坊生产零部件和预制件，再送到大工厂进行组装。白天高空精确轰炸根本无法摧毁星罗棋布的小作坊，也就无法有效地打击日本的军事工业。

2 月 11 日，苏美英三国首脑签署了《雅尔塔协定》："苏美英三国领导人同意在德国投降及欧洲战争结束后两个月或三个月内，苏联将参加同盟国方面对日作战……"协定签署后，苏联最高统帅部拟定了对日作战计划。该计划提出 3 个作战方案：

雅尔塔会议三巨头

1. 直接进攻日本本土。因为那里是日本的政治、经济和军事的中心，一旦得手，能够一举摧毁日军的抵抗体系。但是，考虑到日军在本土配置了强大的陆军兵团和海军、空军主力，苏军又缺乏大兵团登陆作战的经验，跨海作战必将造成巨大伤亡。因此，这个方案很快被否定了。

2. 对驻在中国关内的日军实施主要突击。考虑到日军兵力分散，很难形成歼灭战，这个方案也被否定。

3. 鉴于苏蒙对中国东北大部地区从地理上形成了自然包围态势，可以从西、北、东三个方向实施突击，同时这里又驻有日本精锐部队关东军，一旦得手，日军将丧失陆军主力，不能继续进行大规模陆上战争，所以把突击日本关东军作为最后一个方案。

2月16日，美军又对硫磺岛实施了毁灭性舰炮射击，岛上的绿色植被踪迹全无。日军守卫硫磺岛的总指挥栗林忠道陆军中将早就预料到美军会首先对这个岛屿进行炮火打击。他提前构筑了坚固的地下工事，在实在不能构筑工事的地方就埋下坦克充当火力点。这些工事交叉配合，由秘密坑道进行连接。每个阵地都有一个很深的岩洞隐藏军队。美军轰炸尽管猛烈，其实对日军没有造成多大杀伤。

2月19日，曾在中途岛、吉尔伯特、马绍尔和马里亚纳登陆战役中大显身手的美军第五舰队司令斯普鲁恩斯指挥22万名官兵，在800余艘舰艇、2000架飞机的支援下，浩浩荡荡地杀向硫磺岛。他从海上远远就看到了岛上的一幅巨大标语"决死一战"，不禁轻蔑一笑："你们要决死，就成全你们，让硫磺岛变成一座活地狱！"

6时40分，美军登陆舰队开始进行登陆前的直接火力准备。舰载机同时用火箭、炸弹和凝固汽油弹实施了航空火力打击，其主要突击目标是登陆滩头、机场和折钵山防御阵地。直接火力准备持续到9时，共发射炮弹3.85万发。

美军登陆第一梯队陆战第四师和第五师官兵在3艘战舰、9艘巡洋舰、30艘驱逐舰、5艘航空母舰的掩护下，乘坐130艘登陆艇开始登陆硫磺岛。美军上岸不久，日军就从地下工事里爬出来。美军3万多人的登陆部队腹背受敌，激烈的战斗一直持续到次日黎明，美军伤亡惨重。

2月20日，美军再次发动炮击和轰炸，威力之大，令人恐惧。

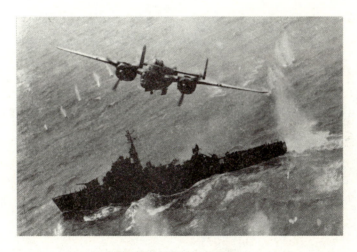

美国轰炸机轰炸日本硫磺岛

3月1日，美军攻下硫磺岛的2号机场和元山地区。日军拼死抵抗，许多日本士兵自愿充当人体炸弹，钻到美军坦克下拉响导火索。

3月5日，日军守岛总指挥栗林忠道将残存兵力的主力集结在北面第二道防线，进行最后抵抗。此时，他们已近粮绝水断。

◎ 空袭！东京惨不忍睹

3月9日17时34分，美军第三一四轰炸机联队队长托马斯·鲍尔率334架 B-29 从塞班岛和提尼安岛机场起飞，直扑东京。4 小时后，第三一四轰炸机联队飞临东京上空。美军海军陆战队在海洋和岛屿上拼死拼活 3 年多走过的艰苦历程，在空中走廊只用了 3 个多小时。

庞大的美军机群沿着被飞行员戏称为"裕仁公路"的航线飞入日本本州海岸线后，队长鲍尔下令所有人员佩戴防护用具，所有空勤人员纷纷穿上防弹背心，戴上钢盔，以防日军猛烈的高射炮火。考虑到此次空袭将会给日本造成巨大的人员伤亡，所有参战人员在起飞前得到指示，一旦被击落，就要尽快被日军俘虏，要是落入平民手中很可能被当场杀死。

3月10日0时15分，美军 2 架导航机到达东京上空，正当飞行员庆幸日本人没有发现他们准备俯冲时，地面上的探照灯突然打开。随之而来的是从黑沉沉的大地上升起一团团橘黄色和红色的火球，开始很小，越变越大，越升越快，在飞机腹下爆炸后化作细小的火星。这是日本人猛烈的防空炮火。有几架美机被明亮耀眼的橘黄色炮火击中。

这时，执行轰炸任务的第三一四轰炸机联队队长鲍尔果断下达命令："航向正方位 85 度，高度 4500 英尺，我机已改平，投弹！"

美军 334 架"超级空中堡垒"在预定目标区下町地区投下照明弹，接着便投下一串串燃烧弹，燃起两条火龙，为后续飞机指示目标。随后赶到的大批飞机接着以单机间隔 15 米梯次进入，在 1500 米高度向下町地区投掷了 2000 多吨燃烧弹，弹体在离地面 100 米时爆炸，射出一根根 2 米长的燃烧棒。燃烧棒一接触物体就爆炸，火种向四处散去。刹那间，东京被烧得通红。美军庞大的机群在地面火海的映照下，疯狂地俯冲、轰炸、爬升，此起彼伏，场面十分壮观。

东京大轰炸后焦烂的尸体

日军没有战斗机升空，高射炮火力也很稀疏。30分钟后，大火迅速蔓延开来，火势已经无法控制，绝望的东京市民丢弃一切，拼命躲避着追逐他们的火焰。许多人连衣服都来不及穿，裸露着身体蜷缩在木制的防空洞里，呆呆地望着冲天大火。

人们打消了灭火念头，大火造成的灼热气浪与冷空气形成强劲的对流风，几乎将所有东西点燃了，金属被高温熔化，人和木头在令人窒息的高温中自燃。许多躲在防空洞里的人被活活烤死，四下奔逃的人群近乎疯狂，很多人纷纷跳入附近的池塘和河流，但是大火形成的高温将池塘里的水都煮开了。跳进水中试图避难的人们都被滚烫的开水活活煮死。

这个时候，坐镇关岛的美军第二十一轰炸机联队司令李梅在司令部办公室里焦急地走来走去，他不停地看表，还喃喃自语："应该收到鲍尔的报告了，看来他们是遇到麻烦了，都是我的错，都是我的错！"参谋长克斯勒从旁不断地安慰。

1时15分，李梅拭去满头大汗，对克斯勒说："这是我的决定，我承担一切责任，这就向华盛顿报告。"这时，通信军官挥舞着鲍尔的报告破门而入："已经投弹，目标地区一片大火，高射炮火由密到疏，没有什么战斗机。"

指挥部里顿时一片欢呼。李梅大喜，马上向陆军航空兵司令阿诺德上将报告："我相信，惩罚之火已经动摇了那个罪恶'神国'的根基！"

黎明时赶到下町的救护人员被眼前的情景震惊了，池塘里漂浮着无数尸体，被大火烧成黑炭，根本无法分辨男女。东京变成了地狱。火海的中心在银座、本所和深川一带。城内41平方公里土地上的建筑物被焚烧得荡然无存，除了石像、水泥柱、墙、铁框架及少数电线杆外，东京几乎被夷为平地。

东京人发现，他们一生中熟悉的地方消失了，甚至连河水都蒸干了。东京东部面积达 39 平方公里的地区荡然无存，26.7 万幢建筑——占东京建筑物总数的 24% 被彻底烧毁。东京中心商业区的 63%、工业区的 20% 被烧毁，其中美军要攻击的 22 个工厂全部被毁，100 万人无家可归。此次轰炸中，东京死亡 83793 人，重伤 10 万人。

指挥此次作战的第三一四轰炸机联队队长鲍尔一边望着眼前一切，一边向关岛的第二十一轰炸机联队司令李梅少将报告："在将军的授意下，我已把东京从地图上抹去。我从来没有见过如此惨烈的景象。日本人在火海中伸腿展拳，疯狂挣扎，烧焦的人肉味直扑我的座机。"

空袭中，美军有 9 架 B-29 被击落，5 架受到重创，后来均在近海迫降，飞机上的大部分空勤人员被美军担负救援任务的潜艇救起，还有 42 架被击伤，不过都安全返回了基地。

10 日晚，美军 317 架 B-29 轰炸名古屋，尽管该城消防设施比东京先进，但依旧遭到惨重损失，市中心 5 平方公里的地区被烧成一片白地。

3 月 11 日，日军被挤压到硫磺岛北端和东北部的狭小地带。

3 月 13 日，美军向驻守硫磺岛的日军发起总攻。日军守岛总指挥栗林忠道下令烧毁军旗，决死一战。

13 日晚，美军 300 架 B-29 轰炸大阪，投下 1700 吨燃烧弹，20 平方公里城区被焚烧殆尽。

3 月 16 日晚，美军 4000 架 B-29 轰炸神户，投下 2300 吨燃烧弹，该城城区化作一片废墟。

从 3 月 9 日至 3 月 19 日的 10 天里，美军共出动 1600 架次的 B-29 轰炸机，把名古屋、大阪和神户这 3 座城市中合计 83 平方公里的城区烧成废墟，直到将储存在马里亚纳群岛基地的 1 万吨燃烧弹消耗完毕，轰炸方告一段落。3 月下旬，美军通过空运和海运结合的手段，再度补齐了弹药库里的燃烧弹存量。进入 4 月份后，美军对日本本土进一步加大了空袭力度。

◎ "富兰克林号" 创造奇迹

　　3月17日，美军第五十二特混舰队司令布兰迪海军少将、第五十一特混舰队第一大队司令基兰海军少将、陆军第七十七师师长布鲁斯陆军少将和水下爆破大队大队长汉隆海军上校一起制订了庆良间列岛登陆计划。根据空中侦察，发现日军在庆良间列岛的防御非常薄弱，他们遂改变了登陆舰队司令特纳原先以一个加强营的兵力逐个攻取的设想，决定以第七十七师主力在6个较大的岛屿同时实施登陆，力争一举夺取庆良间列岛。

　　这一天，美军将星条旗插上了硫磺岛的日军阵地。

　　3月18日，美军第五十八特混舰队抵达距日本九州岛东南90海里处，凌晨开始出动舰载机对九州各机场进行突击。该特混舰队司令米切尔下令将机库内的F-4U型"海盗"式轰炸机提升到飞行甲板，同时让战斗机升空警戒。米切尔知道，九州面积远远超过任何一个美军在太平洋攻克的海岛。弹丸之地的硫磺岛经受了整整72天的狂轰滥炸还能顽强抗击，指望一次空袭就能把日本飞机从地面上摧毁是不可能的。

美军在硫磺岛竖起星条旗

日军的自杀式特攻战术，一直令美军官兵胆战心惊。

果然不出米切尔所料，当美军轰炸机飞临九州南部机场时，发现机场上仅有少数飞机。上午的轰炸仅摧毁了日军的机库、燃料库和跑道。下午，美机深入内地，继续轰炸机场、军事设施和交通线，没有遭到抵抗。

米切尔知道日军早已做好了准备，突然袭击的优势已经丧失。他不肯就此罢手，于是命令舰队驶向东北方向，决定袭击集结有大量战斗舰船的吴港，同时命令各舰加强空中警戒，注意日机偷袭。

日军第五航空舰队司令宇垣缠虽然接到待美军登陆编队出现时再出击的命令，但他认为如果不进行反击、任凭美军轰炸的话，他的航空兵力将被消灭在地面上，因此仍下令出击。宇垣缠曾担任过山本五十六的参谋长，两年前与山本在南太平洋的巴拉尔岛同遭美机袭击，结果山本被击毙，他侥幸坠海活了下来。指挥那次空中袭击的美军指挥官正是米切尔。宇垣缠对这个人恨之入骨，发誓要报仇雪恨，机会绝对不能错过。

日军联合舰队第五航空队的 195 架舰载轰炸机和自杀飞机凌空而至。米切尔急令战斗机迎战。他很快发现日机轰炸没有什么战术，一律是先投弹后撞向军舰。美军"企业号""勇猛号"和"约克城号"航空母舰受到轻微损伤。不过，日机很快便被美军战斗机击落。这一天，美军共炸毁和击落日机 375 架。米切尔长出了一口气，继续向东北方向开进。

3 月 19 日清晨，日军第五航空队司令宇垣缠在南九州鹿儿岛海军航空兵训练基地送别自杀特攻队。他得到情报，美军舰队已进入佐多岬东南 100 海里的洋面上，他要组织一次大规模的空中自杀攻击，以阻止美军向日本本土推进。

"方位 75，距离 7.5 万米，敌航空母舰 5 艘，立即发起攻击！"随着宇垣缠一声令下，日军一架架自杀飞机呼啸升空，扑向米切尔的舰队。

7 时 10 分，米切尔刚把轰炸吴港的轰炸机送上空中，就听到战斗警报急促响起。一架架日机从云缝中钻出，不顾一切地向下俯冲。见此，舰上的美军官兵目瞪口呆。

美军"黄蜂号"航空母舰来不及躲避，1 架日机在怪叫声中钻进它的甲板爆炸，舰上顿时血肉横飞，烈焰升腾。数分钟后，又 1 架日机撞中它的舷侧，

"黄蜂号"发生了大爆炸,烟火冲天,血流满船。2次爆炸炸死该舰官兵101人,炸伤269人。

7时11分,美军旗舰"富兰克林号"航母劈波斩浪,旗杆上的海军少将旗在海风中猎猎飘扬。1架日机拼命向该舰俯冲而来,机上的日军军徽清晰可见,甚至飞行员的脸也看得一清二楚。甲板上的美军士兵吓得慌忙跳入海中。

日机飞行员望着美军官兵如此胆怯狼狈,轻蔑地冷冷一笑,将操纵杆一推到底,撞到"富兰克林号"上。一声震耳欲聋的爆炸声,引发了甲板上舰载机携带的炸弹。一连串强烈的震动后,"富兰克林号"被烈火和浓烟笼罩,烟柱高达600米。

站在"邦克山号"航空母舰上的米切尔望着冲天烟柱,说不出一句话来。"富兰克林号"舰长莱斯·盖尔森率领官兵奋力救火,因为航母正在组织舰载机起飞,机库里全是加满油、挂满炸弹的飞机。爆炸后立即引起了可怕的连锁爆炸,火势迅速蔓延,爆炸此起彼伏,大火引起的浓烟直冲云天。航母上几十架飞机被炸毁,舰员伤亡多达数百人,爆炸和大火持续不断,并逐渐波及机舱。"富兰克林号"上层建筑面目全非,满是弹洞,甲板上遍布飞机残骸,大火蔓延到了后甲板的弹药堆,引起了更大的爆炸。

"富兰克林号"所在的第二大队司令戴维森海军少将见航母伤势严重,通知盖尔森下令弃舰,但盖尔森认为只要提供必要的海空支援和掩护,"富兰克林号"还能挽救。戴维森同意了他的计划,立即命令第二大队的其他军舰前来救援。"圣非号"轻巡洋舰用钢缆拖住"富兰克林号"以阻止其倾覆沉没,同时接下部分受伤舰员。盖尔森下令向弹药舱注水,以避免更大的爆炸，但注水后航母开始右倾。

9 时 30 分，"富兰克林号"航母上的锅炉停止工作，右倾加剧，甲板几乎碰到了海面。"圣非号"眼看无力控制其倾斜，担心被航母巨大的舰体拖翻，只得砍断钢缆。危急时刻，"匹兹堡号"重巡洋舰赶来布置钢缆以阻止"富兰克林号"倾斜。经过一番努力，终于制止了倾斜。"圣非号"再度靠近"富兰克林号"，将钢缆以前主炮作支点，系上舰体，协同"匹兹堡号"一起矫正其倾斜。

"富兰克林号"航母

"富兰克林号"上的美军官兵在舰长盖尔森的指挥下全力抢救，尽管零星爆炸不时发生，火势很猛，但倾覆的危险总算被解除了。第二大队的 5 艘驱逐舰在"富兰克林号"四周一边搭救落水舰员，一边为航母提供掩护。由于"富兰克林号"所在海域距离日军航空基地不足100海里，日机空袭的危险随时存在，所以抢救工作非常急迫。

中午时分，又有1架日机前来攻击，不过没有命中。"富兰克林号"上很多舰员在极其危险困难的情况下，表现了非凡的勇敢和崇高的互助精神。水兵唐纳德·加里和300多名水兵被困在第5层甲板下的一个舱室里，在与外界联系全部中断的情况下，加里独自一人冒着呛人的浓烟，从一个狭窄的通风道找到了逃生的出路。他随即返回舱室，总共往返3次将这300多人全部带出绝境。舰上的牧师约瑟夫·卡拉汉在飞行甲板上不顾四下横飞的弹片，安慰伤员，并为死去的官兵进行简短的祈祷，最后还参加了灭火工作。他的行动感染了很多人。

遭受重创的美军"富兰克林号"航空母舰在舰上官兵和第二大队友舰的支援下，经过数小时的抢救，竟然奇迹般地扑灭了大火。在这场灾难中，"富兰克林号"共有724人死亡、265人受伤。在"匹兹堡号"的拖曳下，回到了乌利西基地，经短时间抢修，恢复了航行能力，并在"圣非号"巡洋舰的护送下于4月28日返回美国本土的布鲁克林海军基地。

"富兰克林号"是太平洋战争中受创最重却没有沉没的航空母舰，该舰的抢救经验，对战后航母的舰体设计和损管系统配置具有极大的指导作用。该舰舰长盖尔森因此受到嘉奖，并在6月30日升任圣迭戈海军基地的司令；士兵加里和牧师卡拉汉被授予美国最高荣誉勋章——国会勋章，1984年和1968年美国海军分别将1艘"佩里"级护卫舰和"诺克斯"级护卫舰以"加里"和"卡拉汉"的名字命名，以表彰和纪念他们的英勇事迹。

美军第五十八特混舰队在18日和19日的突击中，损失舰载机116架，

1艘航母遭到重创，4艘航母和1艘驱逐舰被击伤。美军在空中和地面上共消灭日机528架，炸沉炸伤日舰22艘，并对日本九州地区的飞机制造厂和航空基地造成了较大的破坏，使九州地区的日军航空兵在此后的2周时间里无力组织大规模的行动。

◎ 残忍的一幕

3月20日，美军第五十八特混舰队冒雨南撤。日军因航空兵力损失严重，所剩无几，只能以少数飞机进行零星袭扰。1架自杀飞机撞伤了1艘美军驱逐舰。

3月21日，日军守卫硫磺岛的总指挥栗林忠道指挥剩余的350名日军，高喊着"万岁"，进行最后一次冲锋。第二天，这股日军终于全军覆没。

21日14时，50架日机从西北向美军第五十八特混舰队逼来。舰队司令米切尔闻报立即派出150架战斗机迎战。行动笨拙而又缺乏战术的日机成了美军"恶妇"式战斗机的空靶。不到一个小时，50架日机全部被击落。美军舰队安然无恙。米切尔这才向太平洋舰队司令尼米兹报告战况，表示为未能达到预期目的而感到遗憾。

3月23日，布兰迪指挥由18艘护航航母、15艘驱逐舰、19艘护卫舰、70艘扫雷舰以及一些炮艇、猎潜艇等小型舰艇组成的第五十二特混舰队（又称"两栖支援舰队"），开始对冲绳岛接近航道进行扫雷，护航航母则出动舰载机对冲绳岛、庆良间列岛日军进行轰炸，以掩护扫雷行动。

3月25日，美军第五十二特混舰队中的2艘巡洋舰和3艘驱逐舰对庆良间列岛实施预先火力准备，同时掩护水下爆破大队侦察各岛屿登陆地点的海滩情况，结果发现久场岛和屋嘉比岛两岛屿预定登陆点的水下密布暗礁，登陆艇无法直接驶上海滩，只能使用履带登陆车。这样一来，现有履带登陆车的数量就不能满足在6个岛屿同时登陆的需要，只得临时改变计划，先在其他4个岛屿登陆。

3月26日，日军守卫硫磺岛的总指挥栗林忠道感到大势已去，于是向天皇裕仁拍发了诀别电：

战局已到最后关头。卑职于17日午夜亲赴前线，率全军发动悲壮的总攻，同时祈求帝国必胜与安泰。敌军自进攻以来，以其难以想象的优势，由空海陆向我军发动猛烈进攻。我军不惧强敌，拼死奋战，这让卑职很受感动，部下的奋战感天地泣鬼神。然而，面对敌人猛烈的进攻，将士们相继战死。最后，还是辜负了对我的期望，这些重要地区被强敌夺去，深感惶恐，深致谢罪之忱。我觉得不夺回本岛，帝国则永无宁日。为此，我纵然化作鬼魂，也要亲率大日本皇军卷土重来。弹尽粮绝之时，深感皇恩浩荡，虽粉身碎骨，亦在所不辞。兹告永别。

电报拍完后，栗林诗兴大发，连作3首，其中一首写道："敌仇终未报，此身弃野原。但愿生七度，执戈再当先。"

至此，美军以伤亡2.1万人的代价，占领了硫磺岛，共击毙日军2.3万人，俘虏1000人。驻守冲绳岛的日军第三十二军军长牛岛满获知硫磺岛陷落，栗林忠道部下2万多名官兵全部战死的消息，异常悲伤，默默无语。牛岛满站在那霸港，眺望大海。他知道，这是风暴前的宁静，一场恶战即将爆发。

26日8时，美军步兵第七十七师师长安东尼·布鲁斯少将率部拉开了攻占庆良间列岛的战斗帷幕。第七十七师由西部岛屿突击大队组成的慢速、快速2个护航队负责实施海上航渡。慢速护航队为登陆舰纵队，由22艘坦克登陆舰、14艘中型登陆舰、40艘步兵登陆艇和一些护卫舰编成；快速护航队由20艘武装输送舰和武装货船、2艘护航航空母舰及若干驱逐舰编成。2支护航队于22日从菲律宾群岛的雷伊泰岛起航北上，于26日拂晓前进入庆良间列岛附近的停泊海域。

为减少登陆时的伤亡，登陆舰队司令特纳命令第五十二特混舰队司令布兰迪在24日和25日向庆良间列岛实施海空火力准备。命令下达后，美军舰炮齐鸣，2天内向岛上倾泻了直径125毫米口径炮弹27226发，将目标区地面工事和建筑物全部摧毁。从航空母舰起飞的3000余架次舰载机同时轰炸了庆良间列岛和冲绳西海岸的日军机场和阵地。

如此猛烈的火力准备是否起到了压制准备抵抗登陆之敌的作用，布兰迪不敢妄下结论，因为他们的教训太深刻了。硫磺岛登陆前美军的火力准备异常凶猛，可是部队一上岸，日军纷纷从地底下钻出来抵抗，给美军造成重大伤亡。布兰迪将火力准备的情况报告后，特意加了一句话："登陆前的火力准备可能让登陆成功，但不能说明日军岛上所有的防御工事已被破坏。"

实施海空火力准备的同时，美军扫雷舰在舰载机和海军火力支援舰艇的掩护下，在目标区进行了扫雷作业。至 25 日日终，扫雷舰队已在庆良间列岛的南部和西南部海域开辟了两个宽达 11 公里以上的海上接近通道。接着，美军水下爆破队又在各登陆海滩的接近通道上完成了水下爆破作业，将海岸一带的桩砦、铁丝网、浮游拦障等水中障碍物全部清除。两天的努力没有白费，当布鲁斯指挥的 5 个登陆队搭乘水陆履带输送车在水陆坦克的引导和掩护下分别在阿嘉岛、庆留间岛、外地岛、屋嘉比岛和座间味岛突击抢滩登陆时，日军没有组织起有效的抵抗。

8 时 4 分，在阿嘉岛登陆的美军步兵第三〇五团第三营登陆队刚上岸就看见 200 多名日本海军士兵和朝鲜劳工纷纷跳出残破的工事向后狂奔，逃入洞穴和坑道。跟踪而至的美军在洞口听见里面还有妇女的抽泣和婴儿的啼叫，于是喊话让他们投降，随之却是一片沉寂。陆军少校乔治·多姆唤来随军日语翻译，继续劝降，却听到洞内传来一阵乱叫声。翻译告诉多姆，里面的男人好像在大声对女人说："美国大兵性情残暴，黄发绿目，犹如魔鬼，捉住小孩生吞活剥，逮住女人轮奸糟塌。为了保持帝国女人的贞节，赶快自尽吧。"

话音刚落，只听里面传来几声凄厉的惨叫，紧接着又是一片沉寂。多姆挥挥手，率领士兵冲了进去。只见地上横七竖八躺着一片尸体，12 具女尸和 4 具童尸的脖子上缠着绳子，而那些男尸则个个肚破肠流。多姆感到一阵恶心，赶紧跑出山洞，大口吸了吸洞外清新的空气，率部追剿其他残敌。

◎ 为下一步作战作准备

8时25分，美军步兵第三〇六团第一营登陆队在庆良间岛上陆，未遇任何抵抗。营长万斯·斯塔德利陆军中校正暗自庆幸，突然接到庆良间列岛登陆指挥官布鲁斯的电报，说该岛是日军自杀艇的老巢，让他严密搜索全岛。斯塔德利立即行动，果然在岛上伪装的棚厂和山洞中搜出250余艘"震洋"式自杀艇。这种艇长6米，装载2个113千克的深水炸弹，由1人操纵。据被俘的日军军官供认，他们打算在美军登陆冲绳时，在夜幕的掩护下以30节速度冲向美舰，实施自杀攻击。斯塔德利听后惊出一身冷汗。第三〇六团第一营登上该岛后，美军野战炮兵第三〇四和第三〇五团也搭乘两栖汽车上岸，准备于次日支援登陆步兵夺取渡嘉敷岛。

9时，美军步兵第三〇五团第一营登陆队在座间味岛抢滩上岸，遭到残余日军抵抗，伤亡数人。座间味岛是庆良间列岛中较大的一个岛屿。亨利·克林顿中校见状命两栖坦克向前冲杀，摧毁日军火力点，稳住滩头阵地，然后向纵深推进。日军见敌来势凶猛，狼狈钻入洞内。美军像挖老鼠洞般一个一个山洞清剿，直到 28 日才肃清这股日军。岛上军民大部分自杀。

日军"震洋"式自杀艇

9 时 25 分，美军步兵第三〇六团第二营登陆队登上外地岛。外地岛位于庆良间列岛南部，是庆良间列岛中地形较为平坦的岛屿。第二营营长杰克·比尔中校以为会遇到日军的抵抗，上岛后却发现已是一座空岛，岛上军民早就撤往冲绳岛了。

13 时 41 分，美军步兵第三〇七团第二营登陆队在海上耽搁半日后，在屋嘉比岛登陆，消灭残余日军后占领了该岛。

布鲁斯见 5 个营顺利登岛，遂命令第三〇七团第二营 G 连、第三〇五团第一营 B 连于次日晨分别从屋嘉比岛、座间味岛出发，攻占古场岛和安室岛。

3 月 27 日 9 时 11 分，美军步兵第三〇六团第一和第二营按照登陆指挥官布鲁斯的命令，在庆良间列岛炮兵火力的支援下，从庆良间列岛最大的岛屿渡嘉敷岛西海岸阿波连突出部的 2 个海滩突击登陆，没有遇到日军的有效抵抗。日军一来没有想到美军进攻这个群岛，被打了个措手不及；二来防御兵力薄弱，无力进行有效的抵抗；三来随着战争的发展，日军必胜的信念早已破灭，士气低落。此次战斗中，主岛渡嘉敷岛上 300 多名守军几乎不战而逃，退到岛上的山中。

美军只想夺取一个锚地并不在意这些日军残部，所以也就没有组织清剿。这些日军尽管还有火炮等重武器，但是惧怕美军的报复，不仅没有主动出击，甚至一炮没发，与美军"和平相处"，直到战争结束，这在之前是无法想象的。

美军上岛后，2 个营的登陆队并肩向北推进。稍后，作为步兵第三〇六团预备队的第三营登陆队随第一梯队之后在南部海滩登陆，肃清了该岛南半部的残敌。经过 3 昼夜的战斗，美军于 29 日完全占领了渡嘉敷岛。至此，美军步兵第七十七师全部占领了庆良间列岛。4 天的战斗中，美军进行了 15 次登陆战斗，其中包括 10 次由舰到岸的登陆战斗和 5 次由岸到岸的登陆战斗。美军阵亡 31 人，负伤 81 人。日军战死 530 人，被俘 121 人。

登陆部队总指挥特纳接到布鲁斯占领庆良间列岛的报告，非常高兴，迅速派工兵在那里建立起庞大的停泊场，搭设了浮桥码头。到 31 日，已有 35 艘美军舰船在庆良间锚地抛锚停泊，庆良间列岛登陆作战的目的完全实现了。这一前进基地的建立，使参加冲绳战役的美军舰船得以补给、修理和整顿，从而对冲绳之战起了重要作用。

美军占领庆良间列岛还有一个意外收获，那就是俘获了日军配置在该地的 250 艘自杀摩托艇和 100 余枚人操鱼雷。庆良间列岛是日军的自杀艇基地，日军原计划当美军在冲绳岛登陆时，以这些自杀艇进行夜间特攻的企图随即失败。

　　3月31日清晨，海军中校吉·杰恩茨奉命率领美军海军陆战队侦察大队在庆良间列岛与冲绳岛之间的庆伊濑岛接应由坦克登陆舰和中型登陆舰编成的护航输送队，将野战炮兵第四二〇团的两个155毫米口径加农炮营输送到这个珊瑚礁岛并构筑了炮兵阵地。庆伊濑岛距冲绳岛的羽具歧登陆海滩约18公里，距那霸市约13公里。美军这两个营的24门加农炮能够有效地控制羽具歧海滩和那霸机场。美军在该岛上部署2个炮兵营的目的是在登陆冲绳岛时用它实施反炮兵战和对敌纵深实施拦阻和扰乱射击。美军夺取庆良间列岛对保障冲绳战役的胜利起到了巨大的作用。

第二章
联合舰队最后的疯狂

　　枪炮官清冈被抛到空中，又摔了下来，他爬起来疼得直咧嘴，继续喊道："3 号对空弹，9 枚，引信 50，准备——放！"一个齐射，清冈忍着疼，想看看弹着点，可是当他向海上一望，不禁大吃一惊……

◎ 抢滩，顺利到不正常

　　4月1日，美军开始发起冲绳群岛登陆战役。经过激烈的拼杀，于6月22日胜利结束。冲绳登陆作战中，美军动用了如下特混舰队：米切尔指挥的第五十八快速航空母舰特混舰队、英国皇家海军中将伯纳德·罗林斯指挥的第五十七航空母舰特混舰队，这两支特混舰队担负登陆部队的海空掩护任务；以凯里·特纳海军中将指挥的联合特遣军团组成第五十一特混舰队，担负登陆作战任务，辖布兰迪海军少将指挥的第五十二登陆支援特混舰队、莫顿·戴约海军中将指挥的第五十四火力支援与掩护特混舰队、诺雷斯·利斯莱海军少将指挥的第五十三北部突击特混舰队、约翰·霍尔海军少将指挥的第五十五南部突击特混舰队、西蒙斯·巴尔纳尔陆军中将指挥的第五十六特混舰队。

　　其中，第五十六特混舰队主要由第十集团军组成，担负登陆以及登陆后的地面作战任务，辖约翰·霍奇陆军少将指挥的第二十四军，其第七和第九十六师由第五十五特混舰队输送,在冲绳岛南部登陆;罗尹·盖格海军少将指挥的海军陆战队第三军的陆战第一和第六师由第五十三特混舰队输送,在冲绳岛北部登陆;陆战第二师为佯攻部队,步兵第七十七师担负在西部岛屿登陆任务,步兵第二十七师为登陆作战的预备队;弗雷德·恩雷斯陆军少将指挥的琉球群岛守备部队将担负登陆后设立的海军基地和海军航空兵机场的守备任务。另外,弗朗西斯·马尔克海军少将指挥的战术航空兵团担负登陆作战的空中支援任务。

冲绳群岛登陆战役

此次美军登陆作战部队阵容空前强大,总计 40 多艘航空母舰,22 艘战列舰,320 余艘巡洋舰和驱逐舰,1457 艘运输船、登陆艇、修理船,2108 架舰载机,45.2 万名官兵(其中地面部队 28.7 万人),10 万吨弹药,123 万吨燃料。仅拟定的作战文书就重达数吨。此外，还有大量各类军需物资，仅香烟就有 270 吨，需分发的信件达 2400 多万件。

6 时 50 分，英国皇家海军第五十七航空母舰特混舰队司令伯纳德·罗林斯海刚把他的舰载机送上天，准备继续轰炸日军岛上机场，突然接到空袭警报。大批日军陆基飞机从先岛群岛各机场起飞，抵达特混舰队正西 75 海里处。罗林斯海大惊，急忙命令出击的护航战斗机前去截击，双方在距编队 40 海里处展开了激烈空战。日机冒着弹雨不顾一切冲破英机空中拦截网，窜至舰队上空，疯狂向英舰轰炸，重创"不屈号"航空母舰和"大衣号"驱逐舰。这是冲绳岛战役当日，日军唯一一次有效的作战。

8 时 30 分，美军炮艇的射击开始延伸。此时，云层合缝，遮住阳光，凉风习习，波涛不兴。特纳看看表，转身对参谋长布留索夫下达命令："开始登陆！"

随着一声令下，由水陆坦克编成的美军第一攻击波开始从出发线向岸上挺进，正面宽达 13 公里，场面蔚为壮观。先头炮舰上的火箭炮、迫击炮和 40 毫米机关炮一齐吼叫，射程达登陆地域 1 公里纵深。榴弹、迫击炮弹、火箭弹以 100 平方米落弹 25 发的比率倾泻在日军的滩头阵地。临近岸边，水陆坦克在无护卫之下向海岸突进，同时以 75 毫米口径的坦克炮攻击正面目标。这时，美军舰载机呼啸而至，掠过海岸，深入登陆地域反复轰炸扫射。

太平洋战争中最后一次登陆大战就此打响。

美军没有遇到什么抵抗便踏上了冲绳海滩。到处是美军炮火摧毁的残垣断壁。日军犹如地遁一样，没有组织任何抵抗，阵地上很少见到其尸体，甚至海岸上也没有埋设地雷和障碍物。

天黑后，如入无人之境的美军官兵安营扎寨，进入夜间防御工事。他们担心日军发动夜袭。各登陆滩头阵地如同狂欢节般热闹，青白色的泛光灯、探照灯灯光把海滩照得雪亮。临时架起的高音喇叭在反复播音："明日有大浪涌，赶快卸货，天亮前各运输船撤到海岸外！"

夜空下，运输兵蚂蚁般地忙碌着，他们熟练地使用各种起重机，把炮弹和子弹箱、酒箱、食品箱、药品、帐篷和毛毯、汽油桶、车辆等各类作战急需物资，从军火轮和运输艇上吊到小艇上。小艇开上海滩卸下物资，滩头顿时杂乱无章，道路都被堵住了。只得用推土机开路，一些卸下的物资很快在履带下变成齑粉。时间就是一切，这些损失又算得了什么。

美军作战部队的宿营地虽没有滩头那般热闹，却也不安静。官兵们三五成群地聚在一起，议论着白天"不可阻挡的"登陆势头。出乎美军意料，这一夜日军竟然没有动静，美军官兵在困惑中终于迎来了黎明的曙光。

4月2日7时30分，美军第十集团军各部队向冲绳岛纵深全线推进。天气晴朗，日军仍然没有进行反击。冲绳岛北部像英文字母"T"，南部像英文字母"W"。"T"的顶端是本部半岛，"W"的两个缺口是金武湾和中城湾。"T"和"W"的连接处是石川地峡。

与此同时，第十集团军左翼的海军陆战第三军第六师第二十二团开始扫荡渡具知西北半岛的残波岬。特纳将军准备在这里配置他的雷达部队并以此地作为登陆指挥中心。

10时25分，美军第十集团军左翼海军陆战第三军第六师第二十二团第一营占领了残波岬海岸地区。第六师第四团穿过起伏不平的地形向前进攻，途中遭到小股日军抵抗，加上地形不利，故而进展较慢，日终前才推进了1

公里多。第三军第一师的 2 个团兵分两路，齐头并进，因补给跟不上，进展迟缓。美军第六工兵团在读谷机场展开作业，修复跑道及通路。

14 时，美军第十集团军的右翼陆军第二十四军步兵第七师第十七团占领了冲绳岛东海岸上瞰制中城湾各高地。第十七团占领了中城湾等于将冲绳岛一分为二。第三十二团的坦克群击毁日军设在胡屋南部的各据点后，与第十七团并肩向东海岸推进。

第二十四军步兵第九十六师的进攻地段凹凸不平，丘陵、废弃的洞窟阵地、散兵壕、地雷场、反坦克壕密布，进攻开始时进展缓慢，后来该师突破了桃原地区日军的阵地后，进攻速度加快。第一梯队 2 个团于当日结束前出至伊佐北侧 1 公里的普天间、喜舍场和岛袋一线。

15 时，美军飞机海军陆战队第六观测大队的观测机安全抵达该机场。这一天，第十集团军各师前线指挥所均从舰上移至陆地，美军占领了海岸附近各高地，日军已无法监视美军的动向与配置，从而解除了对美军登陆作业的陆上威胁。

直到此时，美军仍未同日军的正规部队接触，他们只俘获了大批日本平民。这些平民惊恐交加，蜂拥越过陆军和海军陆战队的战线，在接受检查后被送到美军后方集结所。美军情报人员虽然细致盘问了他们，却没有得到有用的情报。日本平民只是笼统地说他们的军队向冲绳岛南部转移了。

◎ 菊水特攻

4月3日，美国第十集团军左右两翼开始向冲绳岛南北两个方向展开攻击。约翰·霍奇少将的第二十四军留下步兵第十七团巩固现有阵地，集中主力向冲绳岛南部发起攻击。第二十四军第三十二团沿中城湾南下，在久场与日军正规部队遭遇，双方进行了登陆后的首次交战。美军凭借火力优势，在坦克群的支援下，奋战半日，终于占领该阵地，歼灭日军385名官兵。该军第九十六师在向165高地进攻时遇到日军顽强抵抗。激战数小时，仍未能攻克，只得向右迂回，于日终前占领了喜舍场、安谷屋、普天间和伊佐等地。

同日，美军海军陆战第三军在罗伊·盖格海军少将的指挥下向东北方向发动进攻。该军第一师的先头部队在克服了日军的微弱抵抗后，于16时占领了具志川。第一师侦察连已前出至喀清半岛。第三军第六师费尽千辛万苦，突破无数凹凸不平的洞窟地域，向前推进了3～7公里。日落时分，第六师左翼已前出至石川地峡。整个战斗进程比预定计划提前了12天。

美日冲绳岛大血战

第十集团军司令巴克纳闻知后大为高兴，决定修改原定作战方案，命令第三军军长盖格继续向北进攻，占领冲绳本部半岛。盖格接电后有些犹豫，因为原计划冲绳陆上作战分两阶段完成，第一阶段占领冲绳南部地域，第二阶段才是占领本部半岛和冲绳北部地域。巴克纳命令显然是想在第一阶段作战刚开始同时实施第二阶段作战。

巴克纳告诉盖格："我的将军，计划是人制订的，人不能做计划的奴隶。"

盖格只好服从命令，指挥他的部队在4日大胆向前推进。至日终，陆战第六师已完全占领仲泊和石川市，切断了石川地峡；陆战第一师前出至东恩纳、安庆名一线。此后，盖格指挥海军陆战队第三军继续进攻。10天内向前推进40公里，到达了本部半岛的先端。

巴克纳，全名小西蒙·玻利瓦尔·巴克纳（Buckner, Smion Bolivar

Jr.)，1886 年 7 月 18 日生于美国肯塔基州的曼福德维尔，早年求学于弗吉尼亚军事学院，1908 年毕业于西点军校，曾两度赴菲律宾服役，参加了第一次世界大战。战后，巴克纳回西点军校任教官，也曾在美国军事学院任职。

太平洋战争爆发后，巴克纳晋升为准将，调往阿拉斯加，负责当地的防御。1943 年 5 月至 7 月指挥了阿留申战役，夺回了被日军占领的阿图岛和基斯卡岛。1944 年 7 月，被调往夏威夷，负责组建第十集团军，下辖 2 个军，出任司令，并晋升为中将。冲绳战役期间，指挥岛上的地面作战。1945 年 6 月 18 日，战役结束前 4 天在视察前沿时，被日军的榴霰弹击中阵亡。

巴克纳是二战时期美军在太平洋战场上牺牲的最高军衔和职务的军官。1954 年 7 月 19 日，根据国会的一项特别法令，巴克纳被追晋为陆军四星上将，葬于肯塔基州法兰克福公墓的家族墓地内。

4 月 4 日，内外交困的小矶国昭内阁向日本天皇提出辞职。

4 月 6 日，日军统帅部大本营下达命令，实施"菊水"特攻，沉重打击在冲绳岛登陆的美军舰队。"菊水"是"水上菊花"的简写，这个名字与令人恐怖的自杀式攻击连在一起是有渊源的。14 世纪时，日本有一个著名武士名叫楠木正成，人称"水上菊花"。在一次众寡悬殊的战斗中，不畏死亡，立誓"以身报国"，最后与敌同归于尽，从而成为日本武士的精神象征。日军统帅部借用其意，将冲绳战役航空兵的敢死攻击定名为"菊水"特攻。

日军第一航空舰队司令大西泷治郎接到"菊水"特攻命令后，立即集合全体"神风"特攻队队员。他神色庄重，目光扫视着额上缠着白绸巾的"神风"队员，大声说："勇士们，敌兵压境，帝国危在旦夕，现在决定日本命运的不是陆军，更不是那群酒囊饭袋的文官，而是你们，帝国空中骄子！你们的血肉之躯定会让你们留名青史。去吧，勇士们！战斗吧！愿天照大神保佑你们实现你们的誓言，一机换一舰，英名光耀千秋！"

"一机换一舰，英名光耀千秋！"田边川一率领首批"神风"特攻队员齐声呼喊，向天皇像鞠躬告别。

大西来到每名"神风"队员面前，为他们整理军容，握手致敬。这时，塔台上升起准备起飞的信号。田边川一率队员迅速奔向机舱，机械师早已把机上备用降落伞撤掉，绑上了1吨炸弹。舰上飞行指挥所开始下达一连串的口令："飞行员就位！""发动引擎！""舰长，顶风航行，增加速度，相对速度14米！"

飞机的引擎起动了，劣质燃油使飞机的引擎发出了阵阵刺耳的噼啪声。"各机准备完毕！"一个传令兵报告。

"起飞！"指挥所下达了起飞命令。飞行长摇晃着绿色信号旗，在空中画了一个大圆圈。

田边川一率领一群急不可待的"神风"特攻队员加足马力，在舰员们雷鸣般的欢呼中沿着飞行甲板升空而起。甲板上，舰员们狂热地挥动着帽子和手臂，大西率众军官站在舰桥上，向起飞的"神风"队员行军礼送行。

田边川一率领他的队员在空中编好队形，绕军舰飞了3圈，直扑冲绳岛。美军早已预料到日军必将倾其海空力量破坏冲绳岛登陆行动，所以采取了一系列预防措施，其中包括使用16艘驱逐舰在冲绳岛四周构成环形雷达警戒线，专门监视低空侵入的日机。

◎ 如此攻击，令美国人胆寒

6 日 15 时，正在冲绳岛北部海面执行预警任务的美军驱逐舰"布希号"和"科尔杭号"突然发现 50 架日机低空扑来，立即拉响战斗警报并开炮射击，2 架日机瞬间成为碎片。1 架特攻飞机无视空中飞舞的炮弹，迎着串串火舌，急速俯冲下来，一头撞在"布希号"甲板上，炸毁前部轮机舱，舰上官兵死伤无数，舰体严重倾斜。几分钟后，军舰大量进水，停在海面上。

"布希号"舰长乔治中校正欲呼叫"科尔杭号"救援，突然又有 15 架日机俯冲而至，猛然醒悟这是自杀机群，于是慌忙下令众官兵弃舰逃生。"科尔杭号"舰长亨利也意识到遇上了日军的自杀飞机，急令规避，但在躲过前 3 架后，还是被第 4 架日军特攻飞机撞中主甲板。舰上后锅炉舱被炸毁，航速减慢。接着，又有 2 架日机相继撞到"科尔杭号"舰上，炸断龙骨，炸裂舰舷，致使海水涌入，舰体严重倾斜。

乔治率众官兵刚刚弃舰，就见 1 架日机发疯似的撞了上来，几乎将舰体炸成两截。接着，一场更大的灾难降临了。1架日机俯冲扑入"布希号"弹药舱，引爆了炮弹，炸得该舰千疮百孔。

6日16时，日军第二舰队司令伊藤整一登上"大和号"超级战列舰，舰桅上升起了海军中将旗。他将以"大和号"为旗舰，亲自指挥特攻作战。伊藤听完舰长有贺已做好出击准备的报告后，满意地说："望诸君恪尽职守，勇猛出击！"

正在试航的"大和号"战列舰

铅灰色的"大和号"外形非常美观，甲板平坦，舷弧优美，桅杆和烟囱皆呈流线形。该舰设计于1937年，历时4年建成，赶在1941年12月太平洋战争爆发时下水服役。其标准排水量为6.8万吨，满载排水量为7.2809万吨，舰长263米，最大宽度是38.9米，满载吃水10.6米。计划中的编制人员为 2200 人，实际编制为 2767 人。该舰有 4 部涡轮发动机，共 15 万马力，航速 27.5 节。舰上共装备各种口径舰炮 150 门，其中 9 门主炮口径为 460 毫米，每发炮弹重 1450 千克，最大射程 42 公里。该舰装甲厚度大于当时世界上任何一艘战列舰，轮机舱的垂直装甲厚 408.9 毫米、舷部装甲厚 410 毫米、水平装甲厚 200 毫米，是世界上最大的一艘战列舰，被日军称为"永不沉没的战列舰"。它在理论上能够击沉任何一艘美国军舰。山本五十六对该舰备加恩宠，该舰一下水，他就把司令部从"长门号"战列舰移至"大和号"上，率领日本海军精锐纵横驰骋于西太平洋，猖獗横行一时。如今，"大和号"作为日本海军最后的精锐即将执行特攻出击，这很有可能是它的最后一战。

16 时 20 分，"大和号"超级战列舰的锅炉点火，气轮机试压。舰长有贺下令："起锚！"随着一阵锚链的响动，巨大的铁锚带起德山湾海底的泥土，从水中升起来。

"各舰按顺序出港，方位 120 度两舷前进微速！"有贺作为旗舰舰长，指挥着特攻舰队驶出德山港，踏上了一条不归路。各舰官兵除离不开岗位者外，都列队甲板，在夕阳中向岸上望去，山水树木都蒙上了一层灰色的纱幔，村落里的袅袅炊烟和如雾般的杏野樱花糅合在一起，迷迷蒙蒙。官兵们知道这是最后一次看到祖国的景色了。不知是哪条舰上的官兵先唱起了国歌《君之代》，很快各舰官兵都跟着唱了起来。

18 时，美军"柳特兹号""纽康姆号"驱逐舰被日机发现。10 架日机率先向"纽康姆号"扑去。舰长汤姆逊还没来得及下令规避，1 架日机直接坠入后烟囱，猛烈的爆炸震动了全舰，一块弹片穿过军官指挥舱玻璃窗击中汤姆逊的左臂。还没等他爬起来，就被接踵而来的可怕景象惊呆了。第二架日机在临近舰空 100 米处被舰炮击中爆炸，飞机和炸弹碎片几乎全部落在甲板上，将甲板上的官兵炸倒一片；第三架日机钻入舰腹爆炸，卷起大量浓烟；第四架日机直撞在前烟囱上，残骸落入弹舱，引起一连串大爆炸，甲板上烈焰升腾。这一切发生在 6 分钟内，"纽康姆号"一下就瘫在海面上，成了日机的靶舰。

"柳特兹号"舰长辛格见"纽康姆号"遭受重创，急忙冒险驰援，刚要靠近，只见 1 架日机又向"纽康姆号"扑去。辛格立即下令射击，击中了这架日机。不料这架日机拖着冒着黑烟的机身，歪歪扭扭地掠过"纽康姆号"，撞中了"柳特兹号"的舰艉，撞毁了舵机。辛格大惊，急忙自救。这时，又有数架日机凌空直下，其中 2 架日机撞在"柳特兹号"甲板和舰桥上，引发了大爆炸，炸坏了 17 个舱室，并将舰舷炸裂，涌入大量海水，舰身开始下沉。辛格见状，命令官兵奋力抢救，抛弃舰上所有的鱼雷和深水炸弹，才算没有沉没。

18 时 30 分，美军"布希号"驱逐舰沉入大海。"科尔杭号"气息奄奄。舰长亨利见舰体倾斜达 23 度，无力再救，只得弃舰。

6 日 20 时，伊藤整一率领第二舰队小心翼翼地驶过濑户内海丰后水道的水雷区，进入太平洋。为躲避美军潜艇的监视，伊藤下令舰队以 20 节的航速沿九州海岸南行。尽管日舰队冒着触礁的危险，一直在浅海处航行，还是被美军潜艇发现。

20 时 10 分，第二舰队旗舰"大和号"的雷达发现了 7 公里以外的美军潜艇。伊藤立即下令"矢矧号"巡洋舰和"冬月""凉月""矶风""滨风""雪风""朝霜""霞""初霜号"驱逐舰在"大和号"周围布成环形，实施反潜防御。

然而，美军潜艇没有发动鱼雷攻击。伊藤索性命令舰队加速到 24 节，向位于九州南端佐多岬和种子岛之间的大隅海峡行进。他计划从那里向西绕一个大弧，驶抵冲绳岛西岸的白沙滩外，在那里云集的美军护航运输队和特混舰队是伊藤舰队攻击的绝好目标。发现日本舰队的美军"哈特尔克号"和"施雷特劳号"潜艇很快向关岛潜艇司令部作了报告。潜艇司令洛克伍德海军中将立即上报给太平洋舰队司令尼米兹。尼米兹看后，马上将其通报给冲绳战役总指挥斯普鲁恩斯，让他做好相应的准备。

斯普鲁恩斯认为现在日美海军双方实力悬殊，日本海军的进攻根本谈不上什么战斗，充其量是自杀。他命令米切尔的第五十八特混快速航空母舰舰队迅速在九州和冲绳之间集结，阻击日军舰队；布兰迪的第五十二特混登陆支援舰队做好一切战斗准备；戴约的第五十四火力支援和掩护特混舰队派出 6 艘战列舰和 7 艘重巡洋舰编成海战支队，准备与日军"大和号"战列舰一决雌雄。

斯普鲁恩斯计划用战列舰对战列舰，歼灭日军的特攻舰队，航空母舰仅作为预备队使用。

米切尔却认为他的航空兵完全可以炸沉日舰。莱特湾海战中，他指挥的航空兵就炸沉了"大和号"的姐妹舰"武藏号"超级战列舰，不过事后有人说"武藏号"完全可能是潜艇打沉的。米切尔对此非常恼火，这次"大和号"的出现正好为他提供了证明航母作战优越性的大好时机，他当然不会放过这个机会。

◎ 有去无回的自杀作战

23时20分，美军"科尔杭号"驱逐舰沉没。

深夜，美军"柳特兹号"和"纽康姆号"驱逐舰被友舰拖到庆良间锚地。"神风"特攻队员只经过几天的培训，根本不懂空中作战的战术。其实，他们也不需要懂什么战术，只要撞上美舰就行。在美舰绵密的空中火力打击下，日机损失惨重，百余架被击落。

田边川一有些沮丧，却又无能为力。他抱着以死殉国的念头寻找攻击目标。突然，他发现右下方海面有1艘军火船，于是率4架自杀飞机流星般俯冲下去。猛然间，他感到机身一震，一股浓烟随之从后面扑来。田边川一意识到飞机中弹了，紧紧把握住操纵杆，在接近海面的一刹那，把欲坠大海的飞机忽地拉起，掠海直扑美军3万吨级"胜利号"军火船右舷，将炸弹送入船内。该船爆炸后瘫痪，随波逐流了一天后，被美军自行击沉。

正当田边川一海军少佐率领"神风"特攻飞机在冲绳附近海面左冲右撞、

血肉横飞之际，日军联合舰队总司令丰田副武在九州鹿儿海军基地签发了一项命令："帝国命运在此一战。卑职已号召组织一支海面特攻部队，以进行壮丽无比的英勇突击作战，以此举振我帝国海军声威，发扬帝国海军战斗之光荣传统，以光耀后世。各部队无论是否特攻部队都要下定决心拼死一战，彻底消灭敌舰队，为皇国奠定永固根基。"

丰田副武的语气非常沉重。自从中途岛惨败后，曾在太平洋海域不可一世的日军联合舰队一败再败：马里亚纳海战使舰队的舰载机遭到毁灭性打击，完全失去了海空控制权；莱特大海战又使舰队航母几乎丧失殆尽，失去了远洋作战的能力。

战争不可能进行下去了。丰田深深意识到这一点，至少在他手里，联合舰队永远无法再现昔日威风。他的前任山本五十六海军大将堪称世界海军史上的怪杰，竟落得个折戟荒野的下场；另一前任古贺峰一海军大将也算得上海军怪杰，最后也是生不见人、死不见尸。

想到这儿，丰田暗自叹息，知道自己的才能远不及他们，回天乏术，唯一的办法就是实施这种自杀性攻击。他决定让第二舰队司令、前海军军令部次长伊藤整一海军中将率领联合舰队的最后一点儿主力拼死一战。

丰田让副官叫来参谋长草鹿龙之助海军中将，准备派他去濑户内海向伊藤传达和解释这次任务的特殊意义。草鹿龙之助是联合舰队的一员老将，自太平洋战争爆发后，他几乎参加了所有重大的海上战役。其兄草鹿龙之介海军中将精通海军航空兵理论，是山本五十六的得力谋士和珍珠港奇袭作战设想的提出者。可以说，草鹿家族与联合舰队有着深厚的感情。

草鹿听了丰田的指示，暗暗吃惊，并极力反对："特攻舰队作战闻所未闻，伊藤将军的第二舰队是帝国海军仅存的力量。目前敌兵浩大，登陆本土在所难免，未来还需第二舰队与敌拼杀，怎可令其轻易出击，自杀特攻，还望司令官从长计议！"

丰田叹道："草鹿君所言不无道理，但是冲绳乃帝国最后一道屏障，一旦失守，不啻于洞开家门，怎可轻易放弃。即使为将来保卫本土作战考虑，以区区一支舰队能阻止强大的敌人吗？不如今日拼死一战，或有挽回战局的一丝希望。"

说罢，他递给草鹿一份文件："这也是海军部的命令。"

草鹿接过文件，见是海军次大臣兼海军特攻部部长井上成美海军中将起草的组成特攻舰队的意见书，及川古志郎军令部长在文件眉头上签的几个大字："同意，着丰田副武司令长官即办！"

草鹿看完后，潜然泪下："帝国海军完了！看来只能执行命令了。"

草鹿随即飞往濑户内海基地，向第二舰队司令伊藤整一传达作战命令："全舰队拼死猛进，以'大和号'战列舰、'矢矧号'巡洋舰和 8 艘驱逐舰组成海上特攻队，协助帝国陆军和航空兵歼灭冲绳岛附近的美国护航运输队和特混舰队。若有可能则一举登陆，以陆军形式出现，与敌军展开短兵相接的决战。"

日军打算以 10 余艘舰船和 2000 名官兵的特攻舰队击败庞大的美国舰队，并在冲绳登陆作战，可谓是异想天开。这种盲目的顽强与乐观唯一的作用，就是鼓励官兵们送死。

伊藤听完命令后没有作声，室内静得可怕。这位前海军军令部次长深知这次作战只有灭亡，至于其他，不过是骗人的谎话。伊藤沉默良久，问道："如果舰队在中途受到重创，不能继续前进，该怎么办？"

草鹿无法回答伊藤的问题，他甚至希望伊藤拒绝执行这次作战，于是说："你们自行决定！"

"明白了，"伊藤没有像草鹿希望的那样，拒绝执行命令，只是说，"请不必为我不安，我很平静，没什么值得遗憾的，我心甘情愿出征。倘若我为国战死，请阁下看在同仁的分上，代为照顾我的家眷，我的女儿还没出嫁，儿子还在上学。"

草鹿含泪答应了伊藤的请求："将军尽管放心，这是帝国的最后机会，也是联合舰队的最后机会，拜托了！"

说罢，两人挥泪告别。

送走草鹿，伊藤立即召集全舰队将校军官开会，传达特攻作战命令。众军官听完，神色各异。第二驱逐舰队司令古村启藏海军少将起身问道："让我们装载只能到冲绳的油料，又没有空中掩护，这分明是一次有去无回的自杀作战，怎么能登陆冲绳支援陆军呢？"

伊藤不知如何回答古村的问题。"大和号"战列舰舰长有贺幸作帮伊藤解了围，他说："我完全理解这次作战的意义，只有抱着为帝国无畏赴死的信念才能挽国家于危难，何必多思。"

驱逐舰长出身的有贺是个非传统派出身的海军军官，47岁就谢了顶，平日不修边幅，性格豪放，在下级官兵中有很高的威望。古村是一个传统型海军军官，对有贺的作风素来看不惯，听有贺挪揄自己杞人忧天，不满地说："征战乃生死攸关的大事，不考虑成熟，何以制胜？"

有贺说："考虑过多会踌躇不前。身为帝国军人，怎能怕死？"

古村见有贺嘲笑他怕死，不禁大怒："你不过一介狂人罢了，怎知死的意义？武士道虽告诉我们，武士活着的时候要随时准备死，然而这并不是说他们应该毫无意义地死。现在不是生命轻易浪费的封建时期，是 20 世纪，我们要打赢这场战争，不要总是想到死！"

有贺还想争辩，"矢矧号"巡洋舰舰长原为一站起来说："我非常理解古村君和有贺君的心情，身为帝国军人怎么能怕死呢？但是，死并不是我们的目的，我们应抱必死之决心争取胜利！"

原为一的话缓解了会场的气氛，伊藤赞同地点了点头，起身说："各位如果没有什么意见，就请执行命令吧。'皇国兴亡，在此一战，各员备励努力！'30 年前，联合舰队司令长官东乡平八郎海军大将以此口号激励全体官兵，在日本海打败了强敌俄国海军。今天，我们全体将士要发扬东乡前辈不畏强敌的勇猛精神，与美国人决一死战！"

"愿为天皇陛下尽忠！"众将校军官应声起立，齐声呼喊。悲壮的气氛感染了在场的每一个人。

原为一回到舰上，为全体官兵举行了一次壮行宴会。宴会的气氛狂暴喧嚣。原为一向众官兵传达了联合舰队的命令，训示道："我们的任务看起来像是自杀，也的确是这祥。但是，自杀不是我们的目的，我们的目的是胜利！帝国军人不是被赶上祭坛的羊群，而是天皇的勇士。本舰一旦受重创或被击沉，你们要毫不犹豫地逃生，活下去再战，切不可自杀，而是活下去打败敌人！"

"万岁，大日本帝国！"

"万岁，'矢矧号'！"

"为报皇恩，万死不辞！"

阵阵口号声，滚过甲板，冲破浓雾，被海水吞没。

有贺舰长回到"大和"舰上，若无其事，与众官兵谈笑风生，仿佛参加一次平常的例行演习，而不是特攻作战。他先把官兵召集在甲板上，整整衣冠，向大家宣布特攻作战命令。最后，他解开风纪扣，两手挥动着喊道："望各位发扬杀身成仁的攻击精神，不要辜负全体国民的期望！"然后，他让官兵回到大舱室，痛喝诀别酒。

安排停当后，有贺与几个军官坐在指挥舱痛饮。"干，'大和'舰诸君，干了这一杯！"说罢，他环视众军官，哈哈大笑，一饮而尽。众军官随之饮尽杯中酒，他们都清楚此次将一去不归，反倒无所顾忌了。酒宴散后，有贺嘱咐大家回到各自岗位做好出击准备。

◎ 围攻超级战列舰

4月7日天刚亮，美军第五十八特混舰队司令米切尔即下令侦察机起飞，呈扇面搜索冲绳北面海域，担负突击任务的机群则在航母甲板上待命，只等一发现日舰即立刻起飞攻击。与此同时，布莱克少将率领的步兵第九十六师一部在海空火力及地炮的支援下，沿冲绳岛以西海岸向南突进，遭到日军顽强反击，无功而返。

8时22分，1架侦察机向米切尔报告："发现敌舰队，航向300度，航速22节。"

米切尔立即向冲绳战役总指挥斯普鲁恩斯作了报告，并询问："你攻，还是我攻？"

斯普鲁恩斯先是一愣，随即便明白了米切尔的意思，决定改变原来的想法，在米切尔来电的空白处作出批示："你攻！"

9时15分，米切尔派出16架"恶妇"式战斗机和"卡塔利娜"水上飞机跟踪和监视日本舰队。美军飞机在日舰高射炮射程之外盘旋，克服天气不佳的困难，始终与日舰保持着接触，并不断向米切尔报告位置、航向和航速。

10时，米切尔命令280架舰载机升空，向日军舰队压去，同时以英文明码暗语电报向斯普鲁恩斯报告："Sugar Baker Two Charly，Take the Big Boy。"（中文意思是：砂糖、面包师、两个查理，捉住了那个大小子。）该电报把前4个单词的首字母拼起来就变成了：SB2C（俯冲轰炸机）捉住了敌战列舰。

米切尔在电报中还说："除非另有指示，否则我提议于12时向敌舰发起攻击。"

美国人毫无顾忌地使用明码电报使日军舰队很快判明了美军的意图及方位、高度和距离。"大和号"舰长有贺幸作认为美军欺人太甚，愤而下令："倘若敌机出现，主炮1号炮塔立即开火！"

"大和号"的射击弹幕分远中近3层：远层为射程1.5万米的主炮弹幕；中层为射程8000米的高射炮弹幕；近层为射程3500米机关炮弹幕。有贺认为他的部下都有3年以上的海战经验，自信技术和训练程度在日本海军中堪称一流，完全可以对付美机轰炸。

12时20分，美机编队穿过低厚的云层，向日军"大和号"战列舰扑来。随着有贺一声令下，"大和号"战列舰165吨的主炮将2米长、1.5吨的炮弹射出，巨型炮弹在大气层中画了一个弧形弹道，在美机编队中爆炸，6000枚细碎的弹片散布在广大的空间，形成一片弹幕。

然而，来袭的美机不是笨重的B-24轰炸机，而是灵活的"海盗"式俯冲轰炸机和"考尔西亚"复仇者式鱼雷机。美军飞行员轻轻拨转机头，躲过

"大和号"的远层射击弹幕，从不同角度和高度凌空而下，向"大和号"投下了第一批炸弹和鱼雷。

二战时期的美军轰炸机

"大和号"左舷首先被鱼雷命中，同时2颗炸弹又落在右舷尾部。随着一声声巨响，"大和号"一片惨状：甲板上横七竖八地躺着一大堆尸体，鲜血和着海水顺着甲板排水口往外流，舰身倾斜，航速降至18节。

枪炮官清冈被抛到空中，又摔了下来，他爬起来疼得直咧嘴，继续喊道："3号对空弹，9枚，引信50，准备——放！"一个齐射，清冈忍着疼，想看看弹着点，可是当他向海上一望，不禁大吃一惊："滨风号"驱逐舰已是大火熊熊，正在下沉；"矢矧号"巡洋舰被打瘫，犹如一条灰鲸漂在海上动弹不得，舰上冒出滚滚浓烟。

13时37分，美军第二批轰炸机飞临日军舰队上空，弹雨再次倾泻而下，由于第五十八特混舰队第四大队的飞机比其他两个大队晚起飞，所以这一攻击波不是集中攻击，而是分成几个波次进行。持续不断的攻击反而使日军没有喘息之机，疲于应付，于是美机连连得手。美国人的攻击很有章法，首先是战斗机扫射，压制日舰高射炮火，乘机投下炸弹，接着鱼雷机集中对"大和"左舷进行攻击。这时"大和号"航速大减，高射炮炮手多被美军战斗机消灭，毫无还手之力。

紧接着，"大和号"又连中3枚鱼雷和数颗炸弹，大量海水顺着左舷灌进来，舰体左倾15度。清冈见舰体倾斜已严重影响对空射击，大喊舰长赶快采取对策。"大和号"有完善而庞大的注排水系统，可以迅速消除舰体倾斜，可偏偏有一枚450千克炸弹命中了注排水控制舱，将所有的调节阀门炸毁，无法进行排水。舰长有贺幸作嘶哑着声音命令："向右舷舱和锅炉舱灌水！"副舰长野村次郎应声指挥奋力抢救。不料，海水来势凶猛，瞬间便淹死了一些抢险队员。

"大和号"尚未堵住漏洞，第三批美机又飞临上空，只得使出浑身解数同100多架美机搏斗。这时，天降暴雨。雨雾蒙蒙，炮弹穿梭，"大和号"向美机群喷射出大量炮火，却没有命中。

14时，美军第七枚鱼雷击中"大和号"左舷，舰体再次倾斜。有贺在扩音器中不断喊着："向右轮机舱注水！"轮机长高城为行一听大吃一惊，他的几百名水兵正在舱内干活，一旦注水，都会被淹死。高城愤怒地叫着："把人撤走，再注水！"可是为时已晚，副舰长野村已经奉命封死了所有水密舱门，向右轮机舱灌了 3000 吨海水，几百名轮机兵和其他在右轮机舱作业的水兵被淹死。

紧接着，第 4、第 5 批美机群接踵而至，炸弹、鱼雷雨点般扑向日舰。7 分钟后，2 枚鱼雷命中"大和号"左舷，刚刚有所恢复的左倾再度加剧，而且舵机失灵。"大和号"升起了遇难旗，航速只能维持 7 节，甲板上到处是弹洞，被炸开的钢板四下翻卷，由于左倾已达 15 度，大口径高炮已经无法操纵，只有 25 毫米口径的机关炮还能勉强射击。

14 时 02 分，一批美机俯冲而下，投下的炸弹有 3 枚在"大和号"左舷中部爆炸，使其左倾加大到 35 度。5 分钟后，1 枚鱼雷击中右舷，此时"大和号"上层建筑面目全非，全舰被浓烟烈焰包围，完全丧失了机动能力，防空火力微乎其微，又不能机动规避，只能任人宰割。

◎ "永不沉没的战列舰"沉没

14时12分，4架美军鱼雷机冲出云层从容攻击，如同进行鱼雷攻击表演。美机攻击动作完美，投下的鱼雷有2枚命中"大和号"左舷中部和后部。"大和号"升起了紧急求救信号旗，通知驱逐舰靠近接走舰员，但驱逐舰知道"大和号"弹药舱里近2000发460毫米口径主炮炮弹只发射了3发，现在随时都有爆炸的可能。

至此，"大和号"已被第12枚鱼雷击中，舰体倾斜35度。野村沿着狭窄的螺旋扶梯爬上第2舰桥，从那里观察全舰的情况。他向上方扫了一眼，只见空空荡荡，桅杆、烟囱全部被炸毁。军舰甲板龟裂，炮塔全毁，尸体相枕，血流满舰。野村痛苦地闭上两眼，向有贺报告："舰体已近垂直，无法恢复倾斜，即将沉没！"

很多人不等舰长下达弃舰命令就自行跳海逃生，舰长有贺见此情景知道"大和号"已无可挽救，只得下令弃舰。他通过传声管向第三舰队司令伊藤报告:"请长官同官兵一同离舰,我留下!"

伊藤感到此次特攻作战败局已定,只能尽量抢救各舰生存者,他决心与"大和号"共存亡。他起身同几个幕僚握手告别,然后沿着倾斜的甲板向螺旋扶梯走去,爬上第2舰桥,开枪自杀。伊藤自杀后,有贺下了最后一道命令:"全体人员弃舰逃生!"然后让水兵把自己绑在炮座上。许多人没有离舰。一些水兵把自己绑在罗盘仪上、甲板栏杆上以及一切可以缚绳的物体上;还有一些水兵穿上了沉重的钢制防弹背心,准备自沉。有贺着急地对他们喊道:"你们这是干什么?赶紧离舰逃生!"然而,众人仍然不动。见此,有贺气急大骂:"浑蛋,你们还年轻一定要活下去,为帝国效命,为天皇效忠!"然而,此时再想离舰为时已晚。

14时15分,又有1枚鱼雷击中左舷中部,伤痕累累的"大和号"再也经受不住,倾斜度已到了80度,军旗几乎触到汹涌的波涛。

14时22分,日军"大和"超级战列舰终于横倒,大炮残骸、弹药、一具具尸体滑入大海,灯光随之熄灭。波涛渐渐地淹没了舰桥,海面出现一个深达50米的大旋涡。下沉20秒后,"大和"舰发生2次大爆炸,460毫米口径前主炮炮膛里的炮弹滑落下来,撞穿了弹药舱甲板,引爆了舱中的炮弹。剧烈的爆炸将"大和号"舰体炸断,烈焰冲天而起,翻滚的蘑菇状烟柱高达1000米,甚至连110海里外的鹿儿岛居民都看到了大爆炸的火光与浓烟。没过多久,后主炮炮塔里的弹药也在水下爆炸,钢铁的碎片从水下飞溅而出,爆炸的气浪连海面上挣扎的水兵都感到一阵窒息。翻江倒海般的巨响,终于把这艘"永不沉没的战列舰"送入海底。

至此,日本联合舰队彻底毁灭,同时也宣告了巨舰大炮主义的彻底破产。

日本联合舰队，20世纪前半叶日本海军在中、远海遂行机动作战任务的战略级军事编组形式，是日本海上作战部队的主力部队，通常由2个以上的舰队组成，统辖并指挥除近海防御兵力以外的大部乃至全部机动作战兵力。联合舰队司令官由海军大将或中将担任，直接对天皇裕仁负责，在军政方面接受海军大臣领导，在作战计划方面接受军令部总长指示。

日本海军的舰队建设史最早可追溯至明治三年（1870年），当时只有3艘军舰和4艘运输船。1889年，日本开始设立常备舰队，而联合舰队只是战时编组形式，战争结束即让舰艇归建，恢复常备舰队。

日本先后有三次改常备舰队为联合舰队。第一次在1894年，把常备舰队和西海舰队编成联合舰队，其目的是为了对清朝作战。日本打败清朝北洋海军后，于1895年解散了联合舰队。第二次在1903年，目的是为了对俄国作战，结果是由东乡平八郎任总司令的联合舰队打败了俄国太平洋舰队。战争结束后，又一次解散了联合舰队。第一次世界大战后至1927年，日本想搞一个"八八舰队"（8艘战列舰和8艘巡洋战舰），碍于《华盛顿条约》的限制始终没有实现。然而，日本人并不死心，他们钻了《华盛顿条约》对航空母舰制造吨位的空子，不让多搞战列舰就搞航空母舰。第三次在1921年，联合舰队实际成了常设编成，到1933年联合舰队正式成为常设部队。那时，日本联合舰队已拥有"凤翔号"航空母舰和2个航空舰队。

太平洋战争爆发前夕（1941年11月），日本联合舰队已经成为具有大规模综合作战能力的世界级大型舰队，拥有的舰船占日本大中型作战舰船总数的90%以上。联合舰队辖第一、第二、第三、第四、第五、第六舰队和第一、第十一航空舰队及南遣舰队。第一舰队为战列舰部队，第二舰队为重巡洋舰部队，第三舰队为封锁与运输部队，第四舰队为占领区部队，第五舰队为北方部队，第六舰队为潜艇部队，第一航空舰队为航空母舰部队，第十一航空舰队为岸基航空部队。联合舰队拥有潜艇以上主要作战舰艇230多艘，飞机1000多架。其中，航空母舰10艘，战列舰10艘，巡洋舰38艘，驱逐舰112艘，潜艇65艘。

日本联合舰队在太平洋战争初期，飞扬跋扈，不可一世。特别是在珍珠港战役中，联合舰队一战成名，成为日本人的骄傲。在中途岛和瓜岛战役中，重创美军太平洋舰队，同时自己也元气大伤。1944年6月，与美军太平洋舰队在马里亚纳群岛爆发了历史最大规模的航母大战，联合舰队实力再度受到削弱。10月的莱特湾血战中，联合舰队被美军太平洋舰队彻底打残，名存实亡。

1945年10月10日，日本联合舰队正式解散。1949年的日本宪法表示日本武装力量只用于自卫。战后的日本海上武装力量是自卫队中的海上自卫队。

美军在攻击"大和号"的同时，也对"矢矧号"巡洋舰和驱逐舰发动了攻击。"矢矧号"已经丧失了机动能力，美军轰炸机和鱼雷机进行的攻击动作漂亮、出色，简直是教科书式的表演。7枚鱼雷和12枚炸弹击中"矢矧号"，该舰于14时05分沉入海底。"矶风号""朝霞号"和"霞号"驱逐舰也先后遭到重创，不得不自行凿沉。

"大和号"沉没后，第四十一驱逐舰大队大队长吉田正义大佐接替指挥，他一面组织残余舰只打捞落水人员，一面向联合舰队总司令丰田副武发电报告战况并请示下一步的行动。

鉴于预期计划已无法实现，丰田副武决定终止海上特攻。吉田率领余下的 4 艘驱逐舰带着创伤，于次日回到佐世保基地。

此时的美军战列舰、巡洋舰编队还未投入战斗，日军的这支海上特攻舰队就被美军舰载机消灭。美军共出动舰载机 386 架次，其中战斗机 180 架次，轰炸机 75 架次，鱼雷机 131 架次，被日舰击落 10 架。

日军在冲绳海域活动的 11 艘潜艇，由于美军反潜兵力雄厚，警戒严密，非但没有取得任何战果，反被击沉 8 艘。至此，日本海军对冲绳岛守军的支援宣告失败，虽然其空中特攻作战给美军造成不小损失，但仍然不能改变整个登陆战役的走向。

同一天，77 岁的铃木贯太郎海军大将出任日本首相。他知道，日本无力挽回败局，但是不敢公开宣称失败。因为军部的东条英机和陆军大臣阿南惟几等人一直坚持把战争进行到底。鉴于此，铃木在组阁后发表了这样的讲话："我将站在一亿国民的最前面，如果光荣牺牲，确信诸国民必能踏着我的尸体，为打开国运迈进。"

这一天，日军"神风"特攻队继续实施自杀式攻击。两天内，日军共出动 600 架飞机参加这次"菊水"特攻，其中特攻机达 355 架，共击沉美军战列舰 2 艘、巡洋舰 3 艘、驱逐舰 8 艘、运输船 21 艘、扫雷艇 3 艘、其他船艇 27 艘，此外还击伤 61 艘舰船。

以上数字是日本海军统计的结果，而与美国方面统计的数字相去甚远。美军宣称自己损失了 3 艘驱逐舰、1 艘坦克登陆舰、2 艘军火船，另有 10 余艘舰船遭重创。

第三章　冲绳岛拉锯战

惠特尼上校见无退路，不顾伤亡率队冒着弹雨向峰顶冲去。美日双方官兵在顶峰展开激烈肉搏。美国人咆哮着向上猛冲，日本人则向下猛打。双方杀红了眼，先用枪弹、棍棒，后来用牙齿、双手拼命厮杀，搏斗中夹杂着英语和日语的咒骂声。

◎ 美国人遇上了狠角色

4月8日和9日，美军步兵第九十六师冒着倾盆大雨再次向嘉数北方高地发起冲击，一度占领一些重要阵地，但是很快被日军夺回。

4月10日，美军步兵第九十六师在长达30分钟的炮火支援下，再次向日军阵地发起冲锋，但是到日落前，仅向前推进了300米。

美军攻势受阻很正常，因为日军重兵集结在冲绳岛南部。牛岛满把他的第三十二军一线排开，梯次部署在牧港、首里和南部3道防线上；藤冈武雄指挥的第六十二师团配置在中央，其左翼是铃木繁二指挥的独立混成第四十四旅团，其右翼是雨宫巽指挥的第二十四师团。

牛岛满，1887年7月31日生于日本东京。1908年毕业于陆军士官学校第20期步兵科。1916年毕业于陆军大学第28期，1937年3月1日任第六师团步兵第三十六旅团旅团长，晋升为陆军少将；率部参加侵略中国的战争，在金山卫登陆，攻克上海、南京，并参与南京大屠杀。1938年在十一军第六师团编成内参加武汉会战。12月5日任预科士官学校干事。1939年3月9日至12月1日任预科士官学校校长；3月9日至8月1日兼户山学校校长，同时晋升为陆军中将。1939年12月1日至1941年10月15日任日本唯一一个专门用来两栖登陆的第十一师团师团长。1941年10月15日至1942年4月1日任关东军公主岭战车学校校长。1942年4月1日至1944年8月8日任陆军士官学校校长。1944年8月8日至1945年6月23日任第三十二军军长，奉命指挥2师1旅进行冲绳岛战役。

牛岛满在这个100年前还不是日本领土的小岛上组织防御，使美军付出了6.5万人伤亡、第十集团军军司令巴克纳中将阵亡的沉重代价和3个半月的时间，打了一场经典防御战。冲绳岛战役后期，牛岛满执行日本政府下达的"玉碎令"，命令当地驻军杀光琉球人。据不完全统计，在美军登上琉球前日军共屠杀琉球民众26万多人，屠杀规模之大，仅次于南京大屠杀。1945年6月23日，牛岛满剖腹自杀。美国军事历史学家普遍认为他和日本海军的田中赖三是美军在太平洋战场上遇到的最厉害的对手。

牛岛的部队是清一色的关东军，装备精良，作战勇猛，拥有的火炮远远超出了一个军的配置。牛岛满和他的部队知道最后被消灭是不可避免的，但是仍恪守唯一的信念：尽一切力量多杀伤敌人，只有这样才能为大本营的"本土决战、一亿玉碎"战略赢得宝贵的时间。

然而，在如何尽力增大美军伤亡的问题上，第三十二军内部发生了激烈争论。军长牛岛满是九州人，又在冲绳当过见习队长，对冲绳的气候、地形、风土人情非常熟悉，他主张固守阵地，适时进行反突击，美军得到每一寸阵地都要付出鲜血与生命。于是，他向部下提出："我们的阵地就是敌人的墓场！"

牛岛对当前的战争形势及前景再清楚不过了，他能够做的只有拖延冲绳陷落的时间，而不是将美军赶出冲绳。参谋长长勇中将坚决反对军长的作战方针。在日本陆军中，长勇是一位风云人物。他戴着一副深度近视眼镜，走路时低头含胸，总是一副老气横秋的样子，其实剽悍骁勇，自称他的战术思想属于柴田胜家学派，重视进攻。长勇性情粗暴，嗜酒如命，经常打骂下属，甚至冲撞上级。他还参加过 1931 年日本陆军少壮派军官举行的"锦旗革命"，失败后被调往中国东北。1938 年在张鼓峰与苏军作战。在他看来，只有日本近代陆军的"军神"乃木希典才称得上真正的军人。此刻，他面红耳赤，像挥舞着利剑一样晃动着他的长烟嘴，大吵大嚷要求发动全面反攻。

牛岛满不动声色地倾听着长勇的发言，几十年的军事生涯练就了他处变不惊的本色，他从不加入陆军的派系之争。1936 年的"二二六政变"中，牛岛始终对皇道派和统制派不偏不倚，他认为陆军军人的职责是作战，而不是争权。牛岛的沉默使在场的军官感到不安。长勇满不在乎，继续说道："有些人喜欢采用'以我之皮取敌之肉、以我之肉取敌之骨'的战术，我坚决反对，我主张'以我之骨取敌之骨'的战术，每个日本人都应做到这点。这个战术符合我大和民族的特性，也适合大日本帝国的国情，这个战术就是特攻队战术，我们应用此战术向敌人发起全面反攻！"

长勇的狂妄激怒了高级作战参谋八原博道大佐。他是日本陆军中的奇才，毕业于士官学校，3 年后被陆军大学破格录取。陆大毕业后，他又赴美留学 2 年。太平洋战争爆发前，他说服上司，离开陆军省，只身潜入泰国和马来西亚了解情报，拟定了进攻马来西亚和缅甸的进攻路线和战术要则。战争爆发后，日军按照他的作战预案，果然大获全胜。按理说，屡出奇谋的八原本应官运亨通，事实恰恰相反。饭田祥二郎中将的第十五军的参谋们对这位才华出众的同僚恨得咬牙切齿，总在上司面前说他的坏话。对此，八原不以为然，依然我行我素，甚至不买饭田的账，在作战问题上屡次与饭田冲突，终于激怒了饭田，提请陆军部解除了他的职务，调往陆军大学当了名教官。

到陆军大学任教官后，八原依旧我行我素，口出狂言，还终日狎妓饮酒。就在这个时候，牛岛满却看中了他。牛岛接替渡边担任第三十二军军长后，请八原出山，协助他完成守备冲绳的重任。八原对牛岛有所了解，知道这个人城府很深，起初无意出山相助，后见牛岛言词恳切，便答应下来，不过有言在先，一切作战计划都得听他的。牛岛满口答应，让参谋长长勇只负责作战，一切作战计划及战术原则均由八原制定。

八原出山后，怀着士为知己者死的心情，恪尽职守，为牛岛出谋划策，不遗余力。日军冲绳作战的计划就是由八原主持制定的。当时，有人坚持在水际滩头反击的作战方针，而八原却反对。他认为，兵无常势，水无常形，战争复杂多变，有的方案在彼时彼地成功，而在此时此地就有可能失败。他根据马绍尔群岛、马里亚纳群岛战役日军反登陆失败的教训及美军进攻作战的特点，预测未来美军在冲绳登陆的时候，和日军相比，兵力将占3∶1、火炮将占10∶1的优势。登陆美军的舰炮和炸弹就像一把铁锤，如果在水际滩头反击，可能会给立足未稳的美军重大杀伤，但是铁锤会给滩头部队以粉碎性打击。日军一旦损失过半，冲绳将难以守住。鉴于此，八原提出并制定了持久作战的方针。具体战术方面，他主张死守阵地，将美军登陆部队阻滞在滩头和内陆之间。起初，美军会拼命争夺滩头，一旦夺取其作战的主动性会大大下降。这时，再由"神风"特攻队猛烈攻击美军登陆舰队，同时陆军适时寻机反击，一鼓作气将美军赶下大海。

八原见长勇力主全面反攻，感到是对自己精心拟定的作战方针的挑战，于是起身发言："'以我之皮取敌之肉，以我之肉取敌之骨'的说法，虽不是什么新战术，却反映了我军目前的实际力量，而长勇君的"以我之骨取敌之骨"的战术不过是拾人牙慧。放着现成的阵地不守，偏要攻击强大的敌人，这不是以卵击石吗？明智的办法是按照目前既定的战术打下去。"他强调指出："反攻只能给敌人造成少量伤亡，而使我成千上万的皇军白白送死！"

第六十二师团师团长藤冈武雄站出来，支持长勇的全面反攻意见。第二十四师团师团长雨宫巽、独立混成第四十四旅团旅团长铃木繁二、海军基地司令太田实海军少将等几乎所有高级将领都对前一阶段的防守战术感到失望，认为应该进行全面反攻。

牛岛为部属们的意见感到忧心。几个月来，他对八原言听计从，包括成立铁血勤皇队。然而，他还要考虑军心，这么多将军要求反攻，表明部队对当下的防守战术早已厌烦，如不答应他们的要求，部队将无法指挥。他决定对美军实施有限规模的反攻。

八原极力反对有限规模的反攻："有限规模的反攻在美军强大的火力面前，只会白白浪费兵力，与大规模反攻没有什么本质区别。"牛岛不愿引起众怒，下令于12日晚实施`6个营兵力规模的有限反攻。同时，请求海军配合，对美军舰船实施特攻。

◎ 死心塌地搞防御

4月11日晚，日军第六十二师团第二十二联队联队长吉田胜中佐负责这次反攻。临行前，他召集部下军官说明这次任务："你们要摸黑行军，路不好走，敌人的炮火很猛烈。计划一定要严格保密。我们应鳗鱼式曲折前进，到一个不熟悉的地方去。到了那里不要发出声音，选择坚固的地方，挖好掩体，并在天亮前将它们伪装好，次日夜间向敌军发起进攻。"日军士兵背着重50千克的背包，冒着大雨踏着泥泞的道路出发了。

4月12日，美国总统罗斯福因脑溢血去世。杜鲁门接替罗斯福出任总统。19时9分，杜鲁门宣誓就职，就职仪式仅用了1分多钟的时间。接下来是第一次内阁会议。由于杜鲁门与前总统罗斯福的顾问幕僚不太熟悉，所以这次会议草草结束，其实也就是个形式。会后，除了陆军部长史汀生外，其他人都退了出去。

史汀生说要向杜鲁门汇报一件十分重要的事情。他简要地介绍了"曼哈

杜鲁门

"曼哈顿工程"制造出人类第一颗原子弹

顿工程"的大致情况，声称该"巨型工程"将为美国研制出一种爆炸装置，它拥有令人难以置信的威力。史汀生的叙述有些含糊其词，这位新总统听得一头雾水。很快，他从个别知情人所补充的一些细节里知道这个爆炸装置能够毁灭整个世界，不仅在战争中，而且在外交上也会起到非常重要的作用。只要愿意，可以将它投到全世界任何地方。也就是说，它能使美国处于一种在战争结束时发号施令的地位。

12日清晨，日军185架"神风"特攻飞机在150架战斗机和45架鱼雷轰炸机的掩护下，开始攻击冲绳周围的美军舰只。这次特攻中，日军首次使用了新式武器"樱花弹"。它其实是一种由3枚火箭为动力的单程木制滑翔机，最高时速900公里，续航距离80公里，全长6米，宽5米，看上去如同装了小翅膀的鱼雷。"樱花弹"装有1200千克重的大威力炸药，由1名驾驶员操纵。"樱花弹"挂在双引擎轰炸机机腹下，到达目标区后与母机脱钩，发动火箭引擎从8000米高度向目标俯冲。美军为这种新式自杀武器起了个绰号，叫作"八格弹"（即"蠢弹"的意思），但这个绰号并没减轻它在美军舰队中引起的恐慌。

14时45分，日军第1枚"樱花弹"从母机腹部落下，射进刚被1架特攻机撞中的"曼纳特·阿贝尔号"驱逐舰上，立即将这艘战舰炸成两半。第2枚"樱花弹"炸沉了"斯坦利号"驱逐舰。当日，美军有15艘舰船被日军特攻飞机炸沉、炸伤。

12日夜，日军的各种口径火炮、迫击炮突然向美军阵地集中开火。在炮火的掩护下，吉田率部向美军发起反攻。美国海军发射的照明弹使日军完全暴露出来，几乎成了美军强大火力的靶子。不到1小时，日军的反攻即告失败。

日军反攻的失败使八原再次得宠，牛岛满重新尊重八原的意见，继续坚守持久防御。冲绳岛太大，第三十二军的兵力又太少。为此，八原为牛岛在冲绳岛南设下了 3 道防线：牧港—西原防线、那霸—首里—与那原防线和岛南山岳防线。防御工事按最高标准建造，全部设在地下，各阵地之间有地道相连。在牧港—西原防线有一条 5 号公路，它贯穿这道防线直通首里。这条公路四周都是连绵起伏的石灰石丘陵，有许多天然山洞和星罗棋布的坟墓、台地、悬崖和山谷。从这条公路向西不到 730 米有一两面是山、中间呈马鞍形的高地，看上去算不上什么障，因为它既不高也不十分险峻，只不过长满了青草、灌木和小树。然而，由于这个名叫嘉数的高地地扼公路，是个战略要地，因而成为日美双方必争之地。

美军几次进攻嘉数高地均告失败，最后形成了对峙的局面。日军反攻失败后，美军第二十四军军长霍奇认为，只有攻克这个高地才能突破日军防线。于是，他命令步兵第二十七师倾全力占领嘉数。为保证该师兵力需要，霍奇下令参加津坚岛作战的第一〇五团归建。

美军第十集团军司令巴克纳尔非常同意霍奇的作战设想，并上报战役总指挥斯普鲁恩斯批准，同时请求海军派出 905 架舰载机给予强大的火力支援。战斗中，这些飞机把 482 吨炸弹、3400 枚火箭弹、70 多万发机关炮弹倾泻到日军阵地。同时，特纳的第五十一特混舰队的战列舰、巡洋舰、驱逐舰夜以继日地向日军阵地射击。

同一天，美军第十集团军陆战第六师第二十二团主力第一营抵达冲绳岛北部本部半岛的八重岳要地，日军北部防御重点即设在这里。第一营代理营长查尔斯·惠特尼上校发现八重岳的实际地形远比他从航拍照片中看到的险恶。航拍照片中的八重岳或为厚云笼罩，或为浓密丛林覆盖，地形不明。眼前的八重岳崎岖、残破、狰狞、险峻，使惠特尼从前见过的任何山地都相形见绌，就算是职业登山家对这里的险峰都会感到头疼。

惠特尼从岛上居民口中获悉担负八重岳防御任务的是宇土大佐率领的独立支队约1500名官兵。这个支队由步兵队、机关枪队、小口径炮队、冲绳民兵队组成。宇土指挥日军巧妙地利用地形，构筑了各种各样的火力点和障碍物，严阵以待。

惠特尼上校按军阶本应指挥1个团，但是他战伤痊愈归队后，陆战第六师的团长职位没有空缺，师长让他暂时指挥第一营，该营营长因战伤回国治疗。惠特尼毫不在乎，虽然在美军中这种高职低配的现象并不多见，但他求的是参战的机会，只要有仗打，就算让他指挥一个连也愿意。作为一名44岁的军人，他深深意识到这场人类历史上最大的流血厮杀很可能结束于此。鉴于此，他非常高兴地接受了代理营长的职务。第一营是惠特尼在瓜岛血战中指挥过的部队，许多人他还认识，有的指挥官还是他的部下。

惠特尼刚到前线就戴上钢盔穿上军便服，到前沿视察去了。通过望远镜，他看到八重岳悬崖断壁，耸然屹立，几条羊肠小径把该山分割成互不联系的数个山头。他知道在这种起伏坡度极大的地形作战，上级指挥官无法下达详尽的统一作战指令，各连指挥官只能各自为战，才能越过峡谷和险峻的悬崖绝壁占领目标。于是，他决定采用"小群多路"战术，把部队分成若干分队，向八重岳日军阵地发起进攻。

◎ 双方杀红了眼

4月13日，日本天皇的部分皇宫在美军的空袭中被烧毁，被日本军国主义者视为圣地的明治神宫更是化为废墟。

同一天，美军第十集团军第三军第六师第二十二团占领了冲绳东北部的边土岬。

4月14日清晨，华盛顿是星期六，冲绳岛是星期天，美军下半旗向12日去世的罗斯福总统志哀。当华盛顿的军乐队高奏国歌《星条旗》时，隔着15个时区的地球另一面的冲绳美军也奏起了国歌。国歌奏毕，仿佛为这位美国历史上伟大的总统的逝世鸣礼炮志哀似的，上千门美军舰炮和野战炮向日军八重岳阵地实施了排山倒海般的炮火攻击。日军阵地顿时一片硝烟弥漫。

炮火过后，美军陆战第六师第二十二团第一营代理营长惠特尼命令各分队向山上发起冲锋。日军凭借有利地形，用步枪、迫击炮、机枪向美军狂猛射击，将美军压制在阵前。索伦森的 B 连冲在最前面，他本以为日军火力点会被炮火摧毁，想不到山上坡度大，射击死角多，许多隐蔽极好的火力点安然无恙，在美军炮火过后纷纷吐出凶猛的火舌，致使进攻受阻。于是，他放弃原来的穿插迂回战术，采取了逐坡逐沟清除日军火力点的战法，命令士兵推着一门 37 毫米口径机关炮，配备 2 挺重机枪和 1 门迫击炮，组成一支突击队。一个小组在前面探路，充当诱饵，诱使日军开火。日军火力点一旦暴露，就用 37 毫米口径机炮加以摧毁，这一招果然灵验。

火力侦探组的行动诱使日军火力点一个一个地暴露，跟在后面的美军 37 毫米口径炮一个一个地将其摧毁，大大减轻了敌人的火力威胁，进攻速度大大加快，一路打到主峰附近。

日军开始恐慌，急忙调整兵力阻击。他们很快发现美军进攻的弱点在于依赖随后跟进的弹药输送队，于是放过前面的步兵，直接打后面的弹药输送队，然后再对付冲到前面的步兵。弹药队被打掉，即使日军火力点暴露，美军也无能为力。

索伦森急忙向惠特尼发电求援。惠特尼也没有办法，日军火力太猛，隔断了后续部队与前面部队的联系，补给弹药上不去。索伦森杀红了眼，干脆向主峰直接发起了冲锋。然而，在日军密集的火力网的封锁下，士兵大部阵亡，索伦森也被 1 颗手榴弹炸死在半山坡。临死前，他还抱怨："为什么还不把迫击炮运上来？"

山岳丛林作战，迫击炮是最佳的选择，但是惠特尼手中的迫击炮弹已经打完，虽然他已向师部告急，但是由于运送迫击炮弹的"洛根"和"霍布斯号"胜利级万吨军火轮在庆良间锚地被日军特攻自杀飞机撞沉，所以师长也没有办法。截至 14 日，惠特尼的第一营伤亡三分之一，不得不停止进攻，撤下来休整。

惠特尼一筹莫展，打了几年仗，还很少遇见如此难啃的"骨头"。他想起了在军校学习期间分析过的尔灵山（即猴石山）攻坚战。1904 年 11 月，日本人与俄国人为争夺旅顺要塞的"钥匙"尔灵山高地，曾进行了一场殊死拼杀。短短 10 天，日军在远东那个标高仅 206.1 米的小小制高点付出了伤亡 1.1 万名官兵的代价，加上俄军伤亡的 5000 人，使尔灵山成了一座名副其实的"尸山"。惠特尼担心眼前这座八重岳成为第二座尔灵山。

危急时刻，搜索队送来一个刘姓华裔夏威夷居民，这个人个子不高，眼睛透着商人的机灵，英语流利。战前，他曾到冲绳经商，被日军强征了他的船和货，被迫滞留在冲绳岛当了名护村。后来，又被日军强迫修筑八重岳防御工事，对日本人非常憎恨。美军上岛后，他趁机逃脱日本人的监视，找到美军，说愿意为美军做点儿事。

惠特尼十分高兴，让他把八重岳防御工事介绍一下。刘先生凭记忆画出了日军山岳坑道工事图。从图上来看，八重岳主峰高 450 米，虽然守军不多，但是日军利用山上的无数天然洞穴，交叉火力封锁了各个隘口。令惠特尼吃惊的是，日军在本部半岛对岸的伊江岛还部署了 1 个团的兵力，距离 2 海里，岛上的远程火炮可以有效地支援八重岳阵地。这些是美国人事前不知道的。

惠特尼非常感谢刘先生，给了他一大笔奖金。惠特尼立即将这一新情况向上作了汇报，并根据八重岳敌军火力配置情况，调整了兵力部署。这时，海军陆战队最高指挥官特纳从塞班岛紧急空运的迫击炮弹已经到位；从读谷机场起飞的大批轰炸机连续向八重岳投下了暴雨般的炸弹和燃烧弹，将日军防守的八重岳变成了一座火山。惠特尼决定向山上发动一次夜袭。为了区分日军，美军官兵臂戴白色环标，脸上和刺刀上都涂上油彩。

4月15日21时，冲绳岛上阴云密布，细雨蒙蒙，天黑如墨。惠特尼亲率夜袭队，沿着被烧得光秃秃的小树林向主峰爬去。日军阵地上静悄悄的，只有凝固汽油弹留下的山林余火，如同一根根蜡烛在夜风中摇曳。惠特尼暗自庆幸，低声传令部队加快速度向主峰攀登。

当夜袭队临近主峰阵地时，突然几条九二式重机枪的火舌劈开雨夜，猛扑美军，随后传来中弹官兵的痛苦呻吟声。有的伤兵滚下山谷，发出一阵惨叫。惠特尼见无退路，不顾伤亡率队冒着弹雨向峰顶冲去。美日双方官兵在顶峰展开激烈肉搏。美国人咆哮着向上猛冲，日本人则向下猛打。双方杀红了眼，先用枪弹、棍棒，后来用牙齿、双手拼命厮杀，搏斗中夹杂着英语和日语的咒骂声。

4月16日凌晨，惠特尼率夜袭突击队终于占领了八重岳主峰表面阵地。朝霞中，1面弹孔累累的星条旗在峰顶猎猎飘扬。旗下到处是尸体，他们保持着各种各样的姿势：有抱着对方腰的，有抱着对方头的，有掐住对方脖子把对方按倒在地上的。战况极其惨烈，然而惠特尼的情绪却很高涨。他向师部报告："我部已占领八重岳顶峰表面阵地，正在歼灭坑道内的敌人！"

◎ 厮杀，在逐村逐屋展开

拂晓，美军第七十七师开始向伊江岛实施强大的海空火力突击。

7时25分，美军转为登陆前支援火力射击。这次美军登陆没有遇到什么抵抗。不久后，日军就重复了在津坚岛采取的战术，从隐蔽的工事内钻出来，顽强抗击美军的冲击。

中午时分，藏在洞窟和墓穴中的日军以持久战为目标，与美军展开了寸土必争的激烈肉搏战。美军刚上岸时，没发现岛上有什么人，甚至连防御工事都不明显。后来，他们感到岛上到处都是日军，到处都是防御工事和火力点。本来是一个不起眼的坟墓、水井、碾盘，美军一旦靠近，突然就变成了一个个火力点，打得美国人措手不及，非死即伤。

其实，伊江岛上的日军阵地构筑得非常巧妙，犹如迷宫，每个村落都是要塞或支撑点，由此辐射的坑道四通八达，密如蛛网，遍及全岛各处。岛上7000名军民就藏在这些坑道内，除老弱外，都拿起武器投入战斗。

美军以猛烈的炮火反复轰击后，步兵成散兵队形跟在坦克后面发起冲锋。炮火把村庄夷为平地。火焰喷射器把树木、房屋烧成焦炭，步兵同日军展开逐村逐屋逐院争夺。美国人多次改变攻击战术，正面攻击无效便迂回，强攻没用便渗透，一点一点地撕开日本人用血肉筑起的防御阵地。

　　日军不怕死的凶猛作风，让美军一筹莫展。日军尽管失去了大部分阵地，伤亡惨重，仍在化整为零地坚持抵抗，依托一切可以利用的障碍物射杀美军。美军随军记者欧内斯特·派尔就是被这种"不正规"的冷弹打死的。

　　4月19日6时，美军向冲绳负隅顽抗的日军实施了强大的火力突击。为保证火力突击成效，第二十四军军长霍奇投入了27个炮兵营，火炮密度达每平方米1门，同时379架作战飞机也升空助战。任何生物都难以经受住这种可怕的钢铁暴雨，然而日本人却奇迹般地坚持下来。当美军步兵再次冲上来时，躲在洞窟、岩穴、坑道中的日军官兵纷纷钻出来，用各种武器向美军射击，致使美军很难向前推进一步。

　　正面强攻不行，转而采取迂回攻击。步兵第二十七师师长克莱纳命令1个坦克连掩护1个精锐步兵营迂回嘉数和西原之间，从左翼向嘉数高地发起冲击。日军早有防备，早就将这个方向用迫击炮、机关枪、坦克炮等火力层层封锁。美军坦克冒着猛烈的炮火向前推进，被日军炮火打得东躲西藏，逐渐与跟进的步兵拉开了距离。后面的步兵失去坦克掩护后，更是举步维艰，最终还是退了回来。冲到前面的30辆坦克无步兵支援不敢贸然深入，只好折回。等返回原来进攻出发阵地时，有2辆坦克被日军击毁。在右翼担任助攻任务的美军步兵第九十二师仅占领了西原高地前面的斜侧阵地；左翼步兵第七师为日军顽强抵抗所阻，没能前向推进一步。

4月20日，美军再次向嘉数高地发起冲锋。5时40分，美军6艘战列舰、6艘巡洋舰和8艘驱逐舰率先用舰炮射击日军阵地。20分钟后，27个炮兵营的324门火炮同时炮击日军前沿阵地，之后抬高炮口向敌后延射400米。

6时30分，美军将炮口放低，对前沿又轰击了10分钟。太平洋战争期间，这是最猛烈的一次炮击，共发射炮弹1.9万发。接着，步兵第九十六师、第七师发起佯攻。50分钟后，步兵第二十七师从防线西面向嘉数高地猛攻。尽管美军进攻猛烈，却被日军击退，伤亡惨重，到黄昏，第二十四军伤亡达720人。

这一天，在兄弟部队的配合下，惠特尼营终于肃清了八重岳高地的日军。随后，陆战第六师挥师北上，长驱直入，占领了冲绳岛最北面的本部半岛。在八重岳攻坚战中，美军阵亡官兵207人、伤残757人、失踪6人；日军阵亡2000名官兵，许多是被美军的火焰喷射器烧死在洞穴中的。

战死的日军

与此同时，美军第七十七师经过浴血奋战终于占领了伊西岛。第七十七师阵亡官兵239名、失踪19名、伤残879名。日军阵亡官兵4706名、被俘149名，还有许多平民死亡。

美军在冲绳岛南部的推进极为缓慢。虽然步兵第九十六师突破西原防线，但在纵深前田高地上受阻。第二十四军军长霍奇建议第十集团军司令巴克纳在日军防线背后进行两栖登陆作战，令日军首尾难顾。巴克纳拒绝了这个建议，他认为冲绳岛南部海岸暗礁太多，海滩不适合装卸给养，即使登陆后建立了滩头阵地也会陷于日军包围中，很难向纵深发展。

日军第三十二军军长牛岛满最担心的就是美军采取这样的行动。为了守住前面阵地，日军已把后方预备队都调了上去，后方已无整师建制的部队了，美军一旦从冲绳岛南部登陆，这场战役可能很快就结束了。

然而，美国人没有这样做。巴克纳准备把海军陆战队的部分兵力从冲绳岛北部调往前线，他命令陆战第三军军长盖格从陆战第一师抽调1个坦克营加强步兵第二十七师的力量。盖格对此提出异议。他不反对陆战队参加南部作战，但是不同意把他的第三军一点一点地调入陆军系统。他认为，如果有必要让海军陆战队参加南部作战，应该将整个建制师调入，而不是1个营。这样，第一师的坦克营仍在原地待命。

巴克纳见盖格拒绝执行命令，自然很不高兴，却又无可奈何。一来他是陆军将领，而此次作战的最高指挥官是海军将领，要是争吵起来，不见得有什么好；二来盖格的意见也不无道理。他最后决定采纳盖格的建议，让海军陆战队第一师迅速南进，换下在嘉数高地战斗中伤亡过大的步兵第二十七师，同时将步兵第七十七师从伊江岛调来，把伤亡较大的步兵第九十六师换下休整。

巴克纳的意图是：把 2 个新锐师配置在最前线，加上步兵第七师（该师在前一阶段伤亡较小），陆战第六师为集团军作预备队，准备再次向日军阵地发起总攻击。

就在这时，情报部门报告，日军已放弃嘉数高地向后收缩，美军随即占领了这个高地。这个消息让巴克纳等人大为惊讶，他们实在不明白，日军为什么要放弃这个几天前美军费了九牛二虎之力都没有攻克的高地。原来上次反攻失利后，八原的坚守方针再次占了上风。八原进一步提出收缩战线，将兵力集中于大名—安波茶—幸地—与那原一线，形成环形防御阵地，保卫首里。牛岛满批准了八原的计划，悄悄地将部队从美军的眼皮底下撤了出来。不过，牛岛很快被他手下那些越来越急躁的将领吵得改变了主意。他决定开会再议反攻作战问题。

◎ 众人皆醉，他却独醒

　　牛岛满召开的反攻作战问题会议在日军第三十二军首里地下"L"形司令部举行。司令部设在地下坑道，全部用钢筋水泥做了加固，水泥顶上还有几层交叉的圆木。为修筑南部工事，日军共采伐了20万棵大树。坑道十分坚固，能承受1吨重的炸弹直接轰击。纵向坑道中有发电设备、航空通信室、军医室、病房、情报室、电台室、食堂；横向坑道则是日军冲绳战区的指挥中枢，设有司令官及参谋长办公室、作战室、会议室、密码室、地空和地海电讯中心。由于正值高温雨季，坑道内闷热、潮湿，空气混浊不堪，但是在美军暴风雨般的炮击声中，却给里面的人们以安全感。

　　会议刚开始，一向沉稳的牛岛满激动地说："冲绳战役已经进行了20多天，诸君与鄙人共同奋战，艰难抵抗，迫使敌人始终无法占领，冲绳在帝国将士的手中已经成为帝国本土的前哨。望诸君为此目的继续奋战！"

　　说罢，他以少有的严峻目光扫视了一下会场，继续说："自敌人登陆以来，敌兵骄横肆虐，残杀我同胞，践踏我国土。为打击敌人的嚣张气焰，我决定配合战时大本营的'菊水'特攻，向敌发起反攻，夺回读谷等机场，使冲绳变成保卫本土的防波堤。"

话音刚落，满身酒气的参谋长长勇说："我完全同意将军的意见。前一阶段，敌陆上部队的攻势屡被我败，伤亡惨重，敌海上力量遭我"神风"勇士的大量杀伤，士气低落，正是我们反击的大好时机。"

几个师旅团长也赞同反攻。藤冈说："身为帝国军人应杀身而成仁，整日躲在阴湿黑暗的洞穴坑道，过着鼹鼠般的生活，算是怎么一回事？我的部队基本完整，具有较强的攻击实力，恳请将军早下反攻命令！"

在一片赞同反攻声中，唯有八原没有出声，他觉得牛岛的变化太快了。两天前，还诚恳地向他表示歉意，拜托他为坚守防御尽职尽责，现在又全变了。八原面色淡漠，旁若无人。

"八原，有何意见？"牛岛问。

"真想征求我的意见？"八原不免有些动气。

"当然。"

"胡扯！"八原脱口骂道。在场的所有人大吃一惊，要知道在等级制度森严的日军中，这种现象是极其少见的。

八原毫无顾忌地说："太平洋战争打了3年，难道诸君还没有认识到美国是一个实用主义的国家吗？美国人精于算计，从来不会白白浪费金钱与生命。从瓜岛争夺战到硫磺岛战役，美国人每次都有新的战法，都使用了新的武器，从不恪守陈规，只要能达到目的，他们从不在意丢掉任何传统的东西。我们呢？为什么要抱着'进攻第一'旧思维不放？难道宁肯战死也不投降就是帝国军人的战斗目的吗？我们的目的是保卫帝国。这几年，我们在战争中已经学会了如何抗登陆作战，迫使美军流的血一次比一次多。但是，我们做得还不够，我们应该把用德意志进攻精神练就的皇军变成一支防守型军队，这是战争的需要。现代战争理论告诉我们，1名依托工事的士兵能抵御3名进攻的士兵。自瓜岛战役后，美国人占领了太平洋无数个岛屿，迟迟没有踏上大日本帝国领土的原因就在于此。我们有什么理由放弃防守，逞匹夫之勇呢？当下，美国人占有绝对制空权和制海权，却没有占领冲绳，就是因为我们有坚固的防御工事，他们的火力优势无处发挥。他们巴不得我们跳出坑道打反击，试问反击一旦失败，我们还有力量守住坑道及防线吗？"

八原分析缜密，表达有条有理，在座者无言以对。这时，日军参谋总长梅津美治郎派来参与战事的高级参谋清冈永一大佐站了起来。清冈打算在冲绳一展身手，却遇上了强劲的对手八原。刚来冲绳时，两人交往甚密，经常通宵达旦饮酒长谈。清冈没有想到八原城府极深，当他从清冈口中套得塞班岛和硫磺岛的有关情报后，便渐渐疏远了他。登陆日越接近，八原越冷淡。战役打响后，八原完全抛弃了清冈。清冈本来是反对反攻的，但是他想报复一下八原，于是一改初衷："我不同意八原君的意见，因为这是懦夫之见。美军在冲绳的地面部队包括陆军和海军陆战队两部分，所受训练各不相同，军人信条和战术意识也截然不同。论作战能力，只有海军陆战队可与我们相匹敌，陆军则差多了，因为美国陆军中士兵大为新兵，士气低落，厌战思想严重，特别是他们的步兵第二十七师，我早在塞班岛就领教过了，是素质最差的一支军队。"

说到这儿，清冈扫视一下会场，见大家都在专心听，便兴奋地说："美军顺利登上冲绳岛后，先是盲目乐观，以为我们不堪一击，骄横闯进；后来，遇到我们顽强的抵抗，伤亡惨重，官兵士气开始下降，于是开始调整部署，围而不打，企图将我们封锁在冲绳岛以南。我认为，我们应该趁美军疲惫、士气低落之机，发起猛烈的反攻，振奋官兵士气，把冲绳保卫战推向新的高潮。"

牛岛插话："清冈君是否考虑过敌人的海军优势？"

清冈说："敌人是拥有海空控制权，并占有火力优势，但是我们与敌人犬牙交错，敌人会投鼠忌器，这样就很难施展他们的火力优势，而我们则可以发挥近战中白刃格斗的长处，以长克短。我想，任何不被敌人炮火吓怕的帝国军人都会明白这个道理的。"

牛岛来了兴致，询问反攻的突破口应选择在哪个方向。

自从上岛以来，清冈从未受到如此注视，难免有些受宠若惊："承蒙司令官信任，我认为突破口应选在敌军的接合部。我们应从安波茶和幸地之间突破，这里正是敌陆战第六师和步兵第二十七师的接合部。突破后，经栅原、南上原，直捣中城湾，切断并包围敌步兵第二十七师大部和第七十七师一部并加以歼灭。"

清冈的话使牛岛等人大为振奋，赞不绝口。牛岛下令各部队抓紧时间准备反攻，并叮嘱第六十二师团师团长藤冈武雄和第二十四师团师团长雨宫巽一定要守住前田高地。

会后，长勇拍拍八原的肩膀，有些揶揄地说："八原君，多虑了，要死咱们一块儿死，快点儿制订反攻计划吧。"

八原脸色苍白，一声不吭。自从军以来，一向自负的他从未受过如此对待。他心想，等着瞧吧，还不知会怎样呢。我不能让你们明白防守的重要性，美国人会用枪炮教会你们的。

◎ 坟墓中蹲了一天

4月27日上午，美军目标委员会在五角大楼会议室召开首次会议。目标委员会是由曼哈顿工程区司令格罗夫斯提议成立的，委员会由物理学家彭尼、数学家纽曼及8位隶属于空军第二十军的军官组成。

格罗夫斯首先发言，他要求参加会议的人对原子弹绝对保密，这一要求对这些人来说显然是多余的。接着，他给各位空军战略专家发了一份提纲，让他们为怎样才能更有效地使用原子弹出谋划策。他说，至于实际使用的决定，最终由上级领导来作出。

如何才能使原子弹进行最有效的打击，每个与会者都感到很为难。大家不知道原子弹的威力有多大，有的说是相当于1000吨到5000吨TNT，有人认为只有100吨。另外，由于投弹是用瞄准镜而不是用雷达，天气因素就不得不考虑，最好是一个晴朗的天气。丹尼逊说，日本夏季的天气很糟糕，7月份最多只有7天好天气，8月份最多只有6天，这很可能会影响轰炸的效果。后来，大家讨论的问题转移到了东京，由于东京受到多次空袭，几乎变成了一片废墟，不易对原子弹的效果做出评估。

"曼哈顿工程"负责人格罗夫斯

直到 16 时会议结束时，全体与会者才就第一目标的条件达成了一项原则协议：攻击的城市人口要稠密，直径不小于 5 公里。初选的范围相当广，有 17 座城市被推荐，包括横滨、广岛、长崎和京都。格罗夫斯最中意的目标是京都，一方面由于京都以前受到较少的空袭，有助于评估原子弹的效果；另一方面，京都是日本的一座名城，拥有 1200 多年的历史，城市人口约 100 万，市中心分布着 3000 座寺庙和神殿，打击京都可以给日本造成巨大的震撼。

同一天上午，美军步兵第九十六师集中步兵、坦克和火焰喷射装甲车密切协同，向前田高地发起猛烈攻击，并拿下了高地东端阵地，打开了突破口。

牛岛满闻报大惊，立即命令第六十二师团右翼的第二十四师团火速增援，堵住这个缺口。第二十四师团师团长雨官冀不敢怠慢，立即将一个联队的预备队调往前线。这支增援部队的先头特遣队是日本陆军最年轻的大尉志村常雄指挥的独立大队，他600多名部下大都没有打过仗。

当晚，志村独立大队通过首里。在一个天主大教堂对面的街道上，志村看见东一具西一具躺着数百具尸体。一堵石墙上沾满了人肉，鹅卵石的道路上到处是鲜血。原来，傍晚时分，美机空袭，正巧一辆弹药车路经此地，一颗炸弹炸了个正着，满车弹药爆炸的气浪把附近的行人拉入了地狱之门。志村有些恶心，传令部队加快速度北进，他不愿让没有打过仗的部下蒙上恐怖的阴影。然而，道路泥泞，还要不时躲避美军的夜间炮击。志村大队行动缓慢，直到次日凌晨才到达预备阵地。

4月28日3时，志村独立大队率部向前田东端阵地发动进攻。不料，他们刚向前运动，便被美军发现，几发迫击炮弹落在日军中间，伤亡一大片。志村整理好队形，继续向前推进。正当他们在晨曦中爬上陡坡时，美军坦克突然出现在日军推进方向右翼的5号公路上，所有坦克一起开炮。顷刻间100多名日军被打死，未死的日军连忙爬进马蹄形坟墓和简易的掩体内，或躲在岩石后面，志村和另外7名日军在一座坟墓中蹲了一天。

夕阳西下时，美军坦克才离去。志村小心翼翼走出坟墓，召集部属，发现阵亡了200多人。联队长中村一郎仍坚持要他当晚攻下阵地。志村把一块白布绑在背上作为标志，率领部下沿一条干涸的河床前进。当他爬上一个陡坡时，不小心掉进一个伪装极好的岩洞内，正欲爬起身来，却被一伙人按住。他心中一惊，听见对方说的是日语，才知是自己人，忙用日语说出身份。原来这些人是前田高地东端阵地的守军，阵地失守后逃避在此。他们见增援部队上来，莫不欢欣鼓舞。为首的贺谷川大佐紧紧抱住志村，泪流满面地说道："以后拜托你了！"

志村了解到洞内官兵数月未进水米，浑身无力，不能指望他们壮大自己的力量，于是安慰一番，返身离开山洞，率部继续前进。

深夜时分，志村率队终于摸到美军阵地前。阵地上静谧无声，只有哨兵不时走动一下，美国人显然没有发现志村的独立大队。志村传令发起攻击。在轻机枪的火力掩护下，日军端着明晃晃的刺刀，喊着冲过山梁，冲上高地顶部。东端阵地的所谓顶部，其实是一块孤零零地立在山顶上的石灰石，美军给它起了个绰号，叫作"斜岩"。睡梦中的美军被打了个措手不及，稀里糊涂地死了一大半。志村大队消灭阵地上的美军后，马上散开，藏在岩石后面或小山洞里，匆忙构筑了一条长100多米的防线。

志村攻占前田高地的东端阵地时，适逢美军调整兵力部署。连日来的拉锯战，导致美军一线步兵师的战斗力只剩下四分之一，有的排只剩下五六人。第十集团军司令巴克纳听说日本夺回了前田高地东端阵地，命令新调来的海军陆战队迅速夺回阵地，重新控制5号公路。然而，海军陆战队的每次冲锋都被从连成一串的山洞里冲出来的日军打退。巴克纳正要投入更大兵力，突然得到日军全线发动反攻的报告，只得把主要精力投入对付日军反攻方面，伤亡越来越大的志村大队终于能松一口气了。

第四章

疯狂的日军激怒美国人

巴克纳中将是美军在太平洋战争中阵亡的最高级将领，他的死震惊了胜利在望的美国军人，也激起了美国人对日本兵的更大仇恨。第七团工兵很快用炸药封闭了那个射出炮弹的洞口，步兵冲进去，杀死了洞内所有日本兵，并缴获了那门山炮。

◎ 垂死的疯狂反击

4 月底，美国空军第五〇九混合大队队长蒂贝茨上校接到命令，他的大队和所有装备转移到马里亚纳群岛中的提尼安岛北机场。在这里，蒂贝茨的部队将接受更加接近实战的训练。第五〇九混合大队成立于 1944 年 12 月 7 日，编制军官 225 名，士兵 1542 名。这是一个有科学家参加的独立的空军轰炸大队，它的直接领导者是负责研制原子弹的曼哈顿工程区司令格罗夫斯少将。蒂贝茨被空军司令阿诺德誉为美国空军中最优秀的飞行员，不但飞行技术优秀，而且具有很好的指挥和行政管理才能。这些都很符合格罗夫斯的要求，他需要五〇九混合大队来执行投掷原子弹的重任。

蒂贝茨告诉手下飞行员，他们即将执行一项特殊的使命，但未提到原子弹，只是说他们所执行的任务足以结束这场旷日持久的战争。6 月份前，第五〇九混合大队进行的都是一般性的技术训练，主要是适应太平洋上空的气候条件并进一步提高投弹精度。

5月3日黄昏，日军开始炮击美军冲绳岛的阵地，"神风"特攻队机群同时攻击美军舰只，并击沉了"利待尔号"驱逐舰和LSM-195登陆艇。

午夜刚过，60架日军轰炸机在美军第十集团军后方地域狂轰滥炸。与此同时，日军两栖部队在美军后方东西两海岸实施登陆。声势很大，却是牛岛满反攻作战中的一个虚招，目的是要诱骗美军主力。然而，美军太强大了，其后方的兵力足以对付团以下规模的登陆战。

日军在西海岸登陆的部队选择的登陆点正是美军海军陆战队的集结地，刚上岸便被美军密集的各种火力打得所剩无几。美国人抓到的唯一俘虏是一只信鸽。幽默的美军士兵在信鸽腿上绑了封信，信中写道："我们把鸽子归还你们，非常对不起，带它来的主人已在我们这里沉睡不醒，麻烦由你们亲自来此带回。"

比起西海岸的登陆部队，日军东海岸的登陆部队更惨。日军还没上岸就被美军巡逻艇发现，照明弹把那一带海岸照得通明，赶来的美军舰队将日军驳船全部击沉，船上的两栖部队全部葬身海底。

牛岛不在乎两栖部队的覆灭，他认为他下的这个诱饵被鱼咬住了，美军已被吸引到这两个方向，他要从正面发起全面反攻。此时，牛岛还不知道自己的2支两栖部队已经被美军后方部队消灭了。

5月4日4时50分，牛岛集中所有炮兵向美军陆战第六师和步兵第二十七师的接合部阵地持续猛烈射击了30分钟，其火力密度之大，为太平洋战争中少有。日军第五炮兵联队打光了弹药储备的五分之二。美军吃惊地看到一堵火墙在他们面前推进，弹片横飞，战况惨烈。炮击延伸后，空中升起2颗红色信号弹，继而是潮水般涌来的日军。强悍的第二十四师团突破了美军阵地，冲到最前面的是第三十二联队伊东孝一大尉指挥的一个大队。伊东大队在坦克的掩护下，冒着枪林弹雨，向前推进了 2 公里。虽然美军的炮火击毁了一辆又一辆坦克，但是伊东大队仍然在朝第一个目标冲去。这个目标就是棚原高地，位于前田高地东北 2.5 公里。

美军动员所有火炮向日军前沿和纵深猛击，甚至不惜炸到自己的前沿部队。凡是日军的攻击方向，每寸土地都有炮弹落下。雨点般的炮弹封锁了所有地区，给日军造成巨大的杀伤。然而，牛岛却认为取得了预期目的，他把希望寄托在已被美军炮火隔绝了的伊东大队身上，命令伊东当晚攻占棚原高地。

伊东率领部队沿 5 号公路两侧攻击推进，一度被炮火所阻，后来日军坦克摸黑开了上去，才得以继续向前推进，终于走完通往棚原的 1.6 公里路程，并占领了棚原高地。天亮前，他们在山坡上修筑了一条弧形阵地。

伊东刚吃完早饭，美军就发起了进攻。两天内，伊东大队打退了美军数十次进攻，他们自己伤亡也很大。在美军猛烈的炮火和火焰喷射器的攻击下，伊东的兵力越来越少，最后只剩下百余人。

牛岛和长勇等人意识到反攻已经失败。两天时间，日军战死约 5000 名，伤者过万。再这样打下去，结果只能是全军覆没。于是，几天前刚刚发出"全军北上"命令的牛岛，又发出了"原位复归"的命令，忍痛下令部队撤退。

5 月 7 日深夜，伊东接到撤退令，开始率残部摸黑南撤。他们在通过美军火力封锁线时，几乎全部战死，只有伊东等十几个人突破重围。志村接到撤退命令后，望着阵地上残存的百余名受伤的官兵，觉得突围无望，于是决定留下死守。他对部下说："愿意撤的，可以走；想跟我留下来的，可以留下。我要与这个高地共存亡。"大部分官兵留了下来，一天后就被美军全部歼灭。美军重新占领了前田高地。

牛岛见反攻伤亡如此惨重，于是诚恳地向八原道歉："你的分析是正确的，反攻果然失败了。自开战以来，我总是给你掣肘，实在抱歉。现在，我决定中止反攻作战，以后的一切都委托给你了，望你鼎力相助！"

八原苦笑一声："我们的战斗力已经耗尽，现在说这些还有什么用呢？"

长勇在旁劝慰道："我们还有'神风'勇士，他们会帮我们报仇的！"

5月8日，突然传来德国无条件投降的消息，冲绳岛上的日军更加沮丧，知道大限已到。牛岛满望着眼前一片苍凉，无限感慨，遂决定撤出首里，收缩兵力到那霸负隅顽抗。其他人也没有什么办法，对放弃首里还能有什么意见，纷纷表示听从牛岛满的调遣。

德国代表签署无条件投降书

正当日军第三十二军打算撤退之时，军长牛岛满突然接到东京大本营的来电，告诉他将有"义烈"空降特攻队奇袭敌机场，让他组织一次迷惑美军的佯攻。牛岛觉得第三十二军已无力执行此次任务，打算回电解释，没想到高级参谋八原却让他答应下来。

◎ 一切为了核击

5月11日，美军曼哈顿工程区司令格罗夫斯在新墨西哥州的洛斯阿拉莫斯召集有关专家开会，进一步研究目标委员会的建议。会议首先讨论了一些意外情况，如果由于天气恶劣或者对方阻击，原子弹无法投下怎么办？如蒂贝茨的轰炸机执行任务后受到损伤无法降落怎么办？科学家们不断对这些有可能发生的意外提出警告。如果水渗进原子弹，将会引起爆炸。如果在同盟国领土上出现险情必须抛下原子弹时，一定要把弹筒管道内的炸药撤除。类似的紧急情况都要有合适的应对措施才能保证安全。至于轰炸目标，最终减少到5个城市。空军同意将这5个城市作为核武器的打击地，不再进行大规模的常规轰炸。

根据格罗夫斯个人的意见，京都被列为第一个轰炸目标。会议记录写道："从心理角度考虑，京都的有利条件在于它是日本的文化中心，京都人更能理解这种武器的重大意义。"

第二个目标是广岛，它是日本第八大城市，人口约 34 万，位于本州岛、本州河口，是日本陆军的一个重要的军用港口，也是日本海军的舰队集结地。城里有当地的陆军司令部，驻扎军队 25000 人，曾是日本侵略中国山东、河南的主力部队。该城市主要集中在 4 个小岛上，军事工业很发达。经调查，这里最近降水很少，房屋干燥易燃，地形平坦开阔，在 2000 米的半径内挤满了建筑物。河渠可以成为天然的防火道，所以也是理想的原子弹试验室。更重要的一点，这里没有盟军战俘，不必担心伤到自己人。

第三个目标是横滨和小仓兵工厂，其中小仓兵工厂是日本大型军火工厂之一，从事多种类型的武器和其他防御材料的制造。厂区长 1200 米、宽 600 米，相邻有铁路车辆厂、机械厂和发电厂。此地军事意义巨大，政治影响不大。

最后一个目标是新潟，它是临日本海的一个重要港口，有炼铝厂和 1 个巨大的炼铁厂，并有重要的炼油厂和 1 个油船终点站。

委员会讨论原子弹在世界范围产生的影响时，京都得到大多数与会者的赞成，大家希望原子弹一旦出世就要在国际上产生深远的影响。与会者认为，京都人由于知识水准较高，有利于把这种国际影响发挥到最大限度。

5 月 24 日 8 时，为配合"义烈"空降兵特攻队的突击，日军向美军读谷、嘉手纳 2 个机场发动了"菊水 7 号"特攻作战。两个半小时后，除 4 架轰炸机因故障被迫返航或迫降外，搭载空降特攻队的 8 架轰炸机分别在读谷和嘉手纳机场着陆。飞机尚未停稳，奥山道郎大尉就率特攻队跳下飞机，向机场上的美军飞机、油库、营房投掷手榴弹和燃烧弹。炸毁美机 32 架，烧毁了 7 万加仑的航空汽油，打死打伤数百名美军。

美军未料到日军出此一手。冲绳岛总指挥斯普鲁恩斯闻报大惊，下了他在冲绳战役中最后一道命令，让第十集团军司令巴克纳不惜一切代价夺回机场，消灭日军突击队。两天后，有"蛮牛"之称的哈尔西奉太平洋舰队司令尼米兹之命接替斯普鲁恩斯担任冲绳作战总指挥。

巴克纳不知日军兵力有多少，急忙从前线抽调 1 个师的兵力向 2 个机场发起进攻。一天后，美军全歼日军"义烈"空降特攻队，打死 79 名日军，没有抓到一个俘虏和伤兵。当巴克纳得知日军的 79 人竟牵制了他的 1 个师时，非常恼火，急令该师返回前线，压缩首里包围圈，以歼灭日军第三十二军的残部。

24 日夜，突降大雨。日军第三十二军军长牛岛满下令全军弃城后撤。倾盆大雨掩护了撤退，也增加了撤退的难度，尤其是那些伤兵。伤兵撤离火线以来，既没有药，又缺吃少喝，能站立的伤兵在女护士的照料下，三三两两地在黑暗中相互牵拉着绳子摸索前进。美军很快就发现了日军的意图。

5 月 26 日，美军再度大举空袭东京，在几乎未遭到有力抵抗的情况下，500 架 B-29 轰炸机再次向东京投下 4000 吨燃烧弹，把 40 平方公里的城区化为灰烬。

5 月 27 日，美军第十集团军司令巴克纳向全军发出命令："有迹象表明，敌军要撤至新防线，可能对威胁其侧翼的我军发动反攻，立即给敌人施加压力，并弄清其意图，使其进退不得。决不容许敌人轻易建立起新的防线。"前线美军立即用炮火封锁道路和交叉路口，并派出侦察战斗部队插入日军第三十二军的整个首里防线。掩护撤退的日军炮火猛烈，使美军侦察部队误认为日军在顽强坚守，而不是后撤。直到 29 日，美国海军陆战第一师才攻入首里城郊，此时美军才知道日军确实已弃城突围。

5月28日，美军目标委员会在五角大楼召开了最后一次会议。蒂贝茨说他的21名飞行员已经精简到15名，投弹手进行了几十次投弹演习，大部分着弹点在目标的150米范围内。另外，还在不同的飞行高度进行了演习，飞行员有把握投弹后撤离现场。与会者研究了一大堆地图和侦察照片，发现京都出现了一些新情况。喷漆厂开始转产炸药，人造纤维厂正在生产硝酸纤维。火车站西部出现了1所新建的工厂，每月生产飞机引擎400台。

美军空袭横滨

5月29日，美军大规模空袭了横滨。450架B-29轰炸机投下的3200吨燃烧弹把横滨变成了一个巨大的火炬，整个城市几乎被彻底摧毁。截至6月15日，美军共出动B-29轰炸机6990架次，先后对东京、大阪、名古屋、神户、横滨等主要城市进行了17次大规模轰炸，使上述城市264平方公里地区遭到了毁灭性的破坏，而美军仅损失13架B-29轰炸机，战损率仅为2.1%。截至7月4日，美军投弹总量达到了10万吨，月平均投弹量从3月份的 1.38 万吨增至 7 月份的 4.27 万吨。

5 月 30 日，日军大本营对关东军下达了对苏作战计划要领。其指导思想是，以对本土决战有利为根本方针，不拘泥于中苏边境的防守，把中国东北和朝鲜作为一个整体，实行全面持久的防御作战。

关东军号称 100 万人，辖 31 个步兵师团、9 个步兵旅团、2 个坦克旅团、1 个敢死队和 2 个航空军。司令是山田乙三，参谋长是秦彦三郎。装备有 5000 门火炮及 1200 辆坦克和 1900 架飞机。

对于苏联的进攻，关东军主要凭借大兴安岭、穆棱河和牡丹江为天然屏障进行固守，不使苏军突入中央地带。把三分之一的兵力和兵器放在边境地区，把主力集中在中国东北腹地。日本企图利用边境有利地形消耗苏军，在苏军进攻疲惫的时候，寻机反攻，并将其消灭。日苏互不侵犯的条约有效期至 1946 年 4 月。日本人判断，苏军把作战重心从欧洲战场转移到远东战场至少需要 3 个月时间。另外，苏军不会在雨季发动进攻，因为雨季不利于机械化大部队的作战。鉴于此，日本人认为苏军如果发动进攻，最早也要在 1946 年 9 月中旬。

◎ 圈定核击目标

5月31日，美军从2个方向小心翼翼地开进冲绳岛的古城首里，没有遇到什么抵抗。美军第十集团军司令巴克纳非常高兴，他认为冲绳战役已进入尾声。

日军第三十二军军长牛岛满带着大部人马突围而去，逃进首里城正南15公里处冲绳南端喜屋武半岛的一个悬崖旁边的山洞内，并在洞内设立了司令部。 这里是座珊瑚山，由八重濑岳和与座岳重合而成，犹如一堵大墙横切冲绳南端大部分地区。牛岛虽知败局已定，却要在这里进行最后抵抗。这样一来，就给冲绳人带来巨大的灾难。当地的老百姓惊慌失措，成群结队地跟在牛岛部队后面南逃，被美军炮弹炸得尸横遍野，成千上万的尸体留在泥泞的道路上。

1945年6月，由弗兰克任主席的关于原子能对社会和政治的影响委员会7位知名科学家起草了一份请愿书，又称"弗兰克报告"。请愿书内容摘要如下：

核能的发展尽管会增强美国的技术和军事力量，也会带来严肃的政治和经济问题。核弹作为某个国家的独有武器，只能维持几年，因为各国科学家都知道它的基本原理。如果在国际上不能对核爆炸物采取有效的管控措施，那么必将导致一场全球范围内的核竞赛。10年之内，别的国家也会拥有原子弹。由于美国的人口和工业集中在城市，所以这场竞赛对我们将会产生不利影响。

鉴于以上因素，如果不事先警告就用原子弹空袭日本，是不合适的。一旦美国首先使用这种杀伤力巨大的武器，将会失去世界的支持，加速军备竞赛，这将不利于这种武器的国际控制。如果能在日本一处荒无人烟的地方演示这种武器的强大威力，将有助于控制核武器协议的签署。

美国原子计划的主要决策人布什和科南特也赞同在国际范围内控制原子弹。在他们的建议下，美国总统杜鲁门批准建立了一个临时委员会，其成员包括杜鲁门的特别助理贝尔纳斯、海军助理秘书巴德、助理国务卿克莱丁以及科学家布什、科南特和康普顿，陆军部长史汀生任主席。临时委员会的主要任务是研究原子弹对美国的政治、经济、军事和对外关系带来的影响，特别是对日使用原子弹的问题。在科南特的建议下，临时委员会又成立一个科学顾问委员会，同时邀请费米、奥本海默、劳伦斯等科学家加入，为临时委员会提供技术咨询。

在对日本使用原子弹的方式上，科学顾问们存在分歧。劳伦斯一直主张在日本上空做一次技术演示，在减少平民伤亡的前提下促使其投降。另一些人则担心万一原子弹演示不成功，或者日本有针对性地采取了对抗措施，将起不到恐吓作用。

从 6 月份开始，美军对日本的空袭进一步加强，日本的一些中小城市也遭到燃烧弹的袭击。到 7 月份，空袭达到了高潮。持续不断的空袭彻底摧毁了日本支撑战争和生存的根基。尽管如此，疯狂的日本战争分子仍然顽固地准备把全体国民推向绝路，不断叫嚣进行本土决战，希望以流血震惊美国，争取在有利的条件下结束战争，决不无条件投降。其实从 1945 年春天，日本就开始军事动员，降低征兵年龄，扩大征兵范围，并从占领的中国、朝鲜等地向本土调兵。截至 7 月，全国已经实行了 3 次动员。日军人数已经达到了 720 万，比上一年增加了一倍，飞机也达到了 7000 架。日本推行决战思想，派出"神风"特攻队在海上、空中和陆上不断实施自杀式作战，用"神风"特攻机群炸毁、撞毁美军舰艇，用士兵的血肉之躯炸毁坦克。

6 月 1 日，喜屋武半岛浓云密布，雨不停歇。美军第十集团军在齐脚踝深的泥泞中步履艰难地从东西两面向半岛缓慢前进。东面是知念半岛，没有重兵防守；西面是小禄半岛，由海军冲绳基地司令太田实海军少将率 2000 名官兵防守。

6 月 5 日，喜屋武半岛的雨终于停了，地面未干。泥沼帮助牛岛部队迟滞了美军的进攻。

6 月 6 日，日本召开最高战争指导会议，提出了今后实行的战争指导基本大纲。基本大纲确定的方针是：以誓死尽忠的信念为动力，凭借地利、人和的优势，坚决把战争进行到底，以维护国体，保卫皇土，确保民族将来发展之根基。

基本大纲提出，在国内，为适应举国一致的皇土决战，应健全贯彻国民战争精神的各种体制。其中，尤应以组织国民义勇队为核心，以便更加巩固全体国民的团结，充实国家物质力量，特别是确保粮食及特种武器的生产，以此作为国家各项政策的重点。

日军总参谋长梅津美治郎满怀信心地发言："本土作战与冲绳、硫磺、塞班等孤岛作战有着本质的不同，特别是能对敌军的登陆地点、机动地点集中全部兵力，以巨大的纵深兵力持续强攻。最主要的是能够得到全体国民无比忠诚的协助，这是本土决战必胜的基础。也就是说，过去在孤岛及远洋作战，我们孤立无援，只能以当地兵力承当全部敌军的集中攻击。而本土作战，这种情况将会完全改变。我军一旦对登陆部队发起攻势，则将贯彻不成功便成仁的信念，发挥帝国陆军的传统精华。我军独特的空中及水上特攻战术自莱特岛作战以来，曾给敌人以沉重打击，积累了丰富的经验，用于本土作战必将取得更大战果。"

6月10日，美军步兵第九十六师终于对冲绳岛南端喜屋武半岛八重濑岳的日军第三十二军残部发起猛烈攻击。美军进攻猛烈，日军拼死抵抗。日军"铁血勤皇队"队长山城宏中佐让他的队员绑上炸药，冒着弹雨，钻到美军坦克底下将其引爆。美军许多坦克是被这些十三四岁的童子军舍身炸毁的。日本人这种残忍凶猛的自杀行为震惊了美国人，他们难以相信在这个星球上还有如此狂妄、古怪、偏执、残暴的民族。

6月12日，美军曼哈顿工程区司令格罗夫斯向陆军部长史汀生汇报了目标委员会的工作。对于第一个打击目标，史汀生认为需要认真考虑。他请来日本问题专家莱肖尔教授，请其谈谈看法。莱肖尔听说京都将列为核击的目标，急得要流下眼泪。他告诉史汀生，京都虽然集中了大量的日本战争工业，但它是日本古都，汇集了日本的传统文化艺术，摧毁京都必然会严重挫伤日本人的民族自尊心，日本将把美国永远视为敌人，后果不堪设想。史汀生对京都也有好感，他在担任菲律宾总督期间，曾访问过京都，深深地被它古老的文化所吸引。既然轰炸这座城市会引起不必要的仇恨，遗留下日后无法解决的纠纷，他决定向总统杜鲁门建议不要把京都作为轰炸目标。

美军高层经过研究，并综合各方面专家的意见，最后把广岛、小仓兵工厂、新潟、长崎作为预定的打击目标。之所以选定这些城市为打击目标，主要着眼于两点：（1）可以对日本军政当局产生巨大的心理压力；（2）可以构成对全世界尤其是苏联当局的实力威慑。另外，还需要考虑以下因素，携带原子弹飞机的航程、最有效地发挥原子弹的效果和目标区域内可能出现的天气情况。杜鲁门总统批准了用原子弹袭击日本的作战计划。

◎ 核击的真正目的

6 月 13 日夜，美军在付出沉重代价后，终于占领了喜屋武半岛天然屏障，战斗转为逐洞争夺战。日军第二十七联队联队长金山均大佐所部百余名官兵被堵在山洞内，几次突围均被美军火焰喷射器烧得焦头烂额。绝望中，他用汽油烧毁军旗，对部下说："过去的 3 个月中，各位经历了艰苦奋战，表现非常出色，在此我深表感谢。现在，我宣布部队解散，你们可自谋出路，想回国的可以一试。我决定战死这里，你们没有义务分担我的责任。"

金山均的部下不知如何是好，他们反对自谋出路。金山抽出匕首，凝视部下，再次告诫他们不要"仿效"他，然后一声不响剖腹自杀。他的副官佐藤治郎大尉举起战刀，猛地一砍，金山身首两处。

佐藤大喊一声："天皇陛下万岁！"举枪自杀。

小禄半岛上的日军同样与美海军陆战队展开殊死战斗。太田实虽然死命抵抗，仍然难敌美军强大的攻势，节节退至山洞。这里是太田所部的野战医院，洞内躺着 300 名重伤员。他担心美军追杀到此，用火焰喷射器烧死这些人，于是命令军医官给所有不能行走的重伤员注射毒药，让他们没有痛苦地死去。之后，太田实自杀身亡。

美军第十集团军司令巴克纳从来没有如此兴奋，他的部队正在用手榴弹、炸药包和火焰喷射器逐洞追逐藏匿其中的日军。许多日本官兵被炸药和火焰喷射器封死在里面，痛苦地死去。他们藏身的洞穴，最终成了他们的墓穴。

美军第九十六师士兵用重机枪向日军藏身的洞穴射击

6 月 16 日，美国原子能临时委员会在洛斯阿拉莫斯召开会议。与会者对使用原子弹仍存在很大争议，但参加会议的人们都认识到，使用原子弹是可以结束战争的，但会影响到战后世界的稳定。

后来，核物理学家西拉德联合芝加哥的 63 位科学家，向总统杜鲁门写了一份请愿书，要求杜鲁门不要开创原子能应用于大规模毁灭的先例。不过，大部分科学家同意使用原子弹，前提是给日本一次投降的机会，并让他们获知这种新式武器的巨大威力。当格罗夫斯征求康普顿的意见时，康普顿说："我同意大多数人的意见。我想，只要战争仍在继续，原子弹就有使用的必要，目的是促使日本无条件投降。"

康普顿这番话，最终成了杜鲁门决定使用原子弹的重要理由。

如果美军直接由海上进攻日本，迫使日本无条件投降，必将付出巨大的代价，这也是美军使用原子弹的重要理由。除此之外，还有一个重要的原因，那就是美国想通过原子弹来遏制社会主义的苏联。围绕着管制德国和波兰问题，苏美之间的冲突非常激烈。此时，苏联按照《雅尔塔协定》，正在把军队调往亚洲，准备和日本开战。

《雅尔塔协定》中，美英牺牲中国的利益，同意苏联收回千岛群岛和库页岛，并承认苏联在满洲铁路和旅顺港享有特权。这样一来，如果由苏联出兵击败了日本，一定会使苏联在亚洲的势力进一步增强，那么欧洲发生的冲突又将会在亚洲发生。这对美国来说，无疑是不愿接受的。为了确保美国在亚洲的利益，美军无论如何要抢在苏联参战的 8 月 8 日前，尽快使用原子弹，迫使日本投降。这才是美军急于使用原子弹的真正理由。

由于以上原因，杜鲁门是不可能听从那些劝阻使用原子弹的建议。还有一种说法，在原子弹试爆成功的前一天，杜鲁门读了《珍珠港之难》，面对美军惨重的损失，杜鲁门气愤异常，他在这篇文章的许多地方用红笔画下了重重的记号，那些文字触目惊心。杜鲁门每每读到这些文字，胸中便充满了满腔怒火，他心中只有一个念头：如果日本不投降，美军必须向这个邪恶的国家投下原子弹，而且根本用不着提前发出警告。这显然是在为核击日本寻找的冠冕堂皇的借口。

美国政府使用原子弹的决心是如此坚决，自然不会因科学家的反对而改变。就这样，许多科学家试图阻止对日本使用原子弹的努力宣告失败。

6月18日，杜鲁门主持召开讨论结束远东战争的计划会议。这个计划的设想是：加强海上和空中封锁，加强对日本的空中密集轰炸；预定于1945年11月1日以76万人的总兵力进攻九州，1946年春进攻本州，1946年秋结束战争。为此，需动用500万军队。

会议讨论了是否可以通过常规武器进行封锁并击败日本。陆军总参谋长马歇尔指出，这是不可能的。纳粹德国受到那样猛烈的轰炸，一直没有停战。直到盟军攻入和占领了德国本土后才被迫停战。另外，日本的工业和德国相比较为分散，这加大了轰炸的难度，加上日本的防空力量很强，这也会给美国飞行员造成重大伤亡。

正当与会者收起文件准备离席时，杜鲁门注意到陆军部长助理麦克洛伊一直沉默不语，便让他谈谈看法。麦克洛伊征得陆军部长史汀生的同意后，说："我确实认为还有一个选择，而且我认为这是一个值得探索的选择。除了常规进攻和登陆，我们还可以谋求其他方式结束战争。"接着，麦克洛伊谈到修改无条件投降原则和原子弹问题。他指出使用原子弹前应警告日本，这样可以使美国获得国际社会道义上的支持。

有人提出，假如警告后，原子弹没有爆炸怎么办？这对美国的声誉会产生何种影响？反对意见越来越强烈，杜鲁门请麦克洛伊对最后通牒这个问题再考虑一下。至于原子弹，当前还是不公开为好。

◎ 四面楚歌仍疯狂

6月18日，美军第十集团军司令巴克纳在海军陆战第一师第七团团长奥勃莱恩海军上校的陪同下视察战场，按照原作战方案，捣毁日军巢穴的任务将由陆战第一师完成。

巴克纳饶有兴致地饱览了冲绳岛的美丽景色，在奥勃莱恩的伴同下，来到第七团视察。七团的阵地设在真荣里，这里是石灰岩丘陵地带，低山逶迤，奇峰异石重重叠叠。巴克纳被大自然的鬼斧神工所陶醉，仔细端详着每一座山峰。忽然，他发现不远处有一座很像狗头的山峰腰间有一个山洞，周围的杂草几乎把它掩没。他拉了一下奥勃莱恩："那个山洞是否有敌人？"

话音未落，只见洞口火光一闪。随之而来的是一声炮响，一发75毫米口径山炮炮弹疾射而来。炮弹正巧落在巴克纳的身后，把石灰岩炸得碎石乱飞，一片山石打断了他的脊椎。巴克纳顿时瘫在地上，10分钟后便与世长辞。奥勃莱恩感觉一块锋利的东西飞进胸膛，眼前一黑便扑倒在岩石上，再也没醒过来。

巴克纳中将是美军在太平洋战争中阵亡的最高级将领，他的死震惊了胜利在望的美国军人，也激起了美国人对日本兵的更大仇恨。第七团工兵很快用炸药封闭了那个射出炮弹的洞口，步兵冲进去，杀死了洞内所有日本兵，并缴获了那门山炮。

巴克纳战死后，美国海军陆战队第三军军长盖格接替了第十集团军司令一职。在美军历史上，一位海军陆战队军官指挥一个集团军的陆军部队还从来没有过。盖格上任后，重新划分了海军陆战队和陆军的战线，命令2个军种向残敌发起总攻。如此一来，牛岛满和他第三十二军残部的日子就更难过了。

6月22日，牛岛司令部所在的山洞阴暗、潮湿，充满了恐怖与绝望。暴躁的参谋长长勇被心脏病折磨得死去活来，痛苦地听着洞外日益临近的枪炮声。洞内混杂着烧糊的胶皮味和木炭烟味，牛岛满觉得太憋闷了，打算走出洞外透透气，却被八原以组织洞口防御为由，将其劝进洞内。

牛岛长叹一声，只好返回洞内，打开衣箱，换上崭新的礼服，将获得的8枚勋章缀在胸前，其中一枚金鸢勋章是日本军人的最高荣誉。

长勇见状，吃力地问："将军莫非要殉国？"

牛岛点点头："三十二军已经打光，还有什么脸面苟活？"

长勇抽泣着说："卑职愿追随将军而去。"

牛岛对八原说："八原君不要与我一同成仁，一定要设法杀出去，潜回本土。冲绳作战证明你的战术思想是正确的，将来本土防御还得靠你啊，切记！切记！"

牛岛向全军将士以明码电报下达了最后一道命令："经过全军将士3个月

的浴血奋战，我们的任务终于完成。当下，我军弹尽粮绝，危在旦夕，通信联络全部断绝，军司令部已无法指挥。今后在局部地区的部队和幸存士兵应各自为战，最后时刻还望发扬敢死精神和永生之大义。"

电报发出后，牛岛下令解散陆军医院，命令部队向北突围，深入敌后与美军展开游击战。然而为时已晚，美军用喷火器封死了所有日军藏匿的洞穴，大量日军被烧死在洞中。

6月23日清晨，牛岛满自知回天乏术，拔出战刀剖腹自尽。牛岛等人自杀后，冲绳岛上的日军溃不成军。同一天，设在嘉手纳机场附近的美军第十集团军司令部举行了隆重的升旗仪式。盖格宣布，日军在冲绳有组织的抵抗已不复存在，美军占领了冲绳。接着，军乐队高奏美国国歌，星条旗徐徐升起在冲绳岛上。

冲绳战役从3月18日美军航母编队袭击九州开始，至6月22日战斗基本结束，历时96天，其中发生在冲绳岛上的激烈战斗就有82天。日军包括"大和号"战列舰在内的16艘水面舰艇和8艘潜艇被击沉，约4200架飞机被击落击毁。日军在冲绳岛上约有10万守军，除9000多人被俘外，其余全部被歼，冲绳岛平民死伤7.5万人。美军32艘舰船被击沉，368艘被击伤，其中有13艘航母、10艘战列舰、5艘巡洋舰和67艘驱逐舰遭到重创，损失舰载机763架，阵亡约1.3万人（陆军4600人、海军4900人、海军陆战队3400人），受伤3.6万多人（陆军1.81万人、海军4900人、海军陆战队1.36万人），另有2.6万人的非战斗伤亡。

日军在冲绳岛防御战中再次运用了令人恐怖的自杀式攻击战术，用自杀艇、自杀飞机大量杀伤美军。许多日本中学生高唱着"在天空中捐躯，在海洋里玉碎，帝国青年最光荣"的丧歌，奋不顾身地向美军的军舰、坦克扑去，给美军造成了巨大的损失。战役进入高潮时，一些日本妇女也投入战斗。另外，由17岁至40岁的男子，还有一些可爱的男女中学生组成的义勇队参加了战斗以及通信、卫生、后勤等各项工作，数万名日本平民卷入战争，支持日军作战。

冲绳战役是美军在太平洋战争中伤亡最大的战役。英国首相丘吉尔认为冲绳战役将以史诗般的战斗列入世界上最激烈、最著名的战斗而流传后世。鉴于在战役中所付出的惨重伤亡，美军没有举行大规模的庆祝活动。

美军以高昂的代价攻占了冲绳群岛，打开了日本本土的西南门户，取得了进攻日本本土的海空基地，为登陆日本本土创造了有利条件。战役期间，美军在冲绳群岛诸岛上建立起的航空基地网进驻了大量的航空兵力，不仅可以有效地阻截日军来袭的飞机，更重要的是还可以起飞轰炸日本本土的中心地带，进一步加强对日本本土的战略轰炸。

面对疯狂到无以复加的日军，美国人愤怒了。

空军向总统杜鲁门发电报，请求对日本实施"无限制轰炸"。也就是说，轰炸目标不再局限于日本的工厂等军用设施。日本的工厂比较分散，轰炸效果不理想，而日本是个多地震的国家，民居多用木头和竹子等轻巧的易燃物质建成，燃烧弹很容易发挥威力。特别是日本在对重庆等中国城市的轰炸中，大量使用了燃烧弹，早已公然践踏了国际法。

杜鲁门同意了空军的建议。

6月底，苏联最高统帅部综合考虑了各种因素，决定采取第三种方案，即歼灭远东关东军。关东军盘踞在中国东北地区，号称"皇军之花"，堪称日本陆军的主力和精锐部队。日本的军官和将军都把能在关东军中服役看成是从军最大的荣誉，许多日本军政头目都曾在关东军中任过职。日本首相东条英机曾担任过关东军的参谋长，日军最后一任参谋总长梅津美治郎也曾担任过几年关东军司令。早在 1944 年 9 月 18 日，日军大本营就命令关东军做好对苏军作战的准备。后来，关东军拟定了一个纵深的防御计划，以长春为顶点，以图们江、大连一线为底边的一块大三角地区，确保这里不被苏联攻破。

东条英机

为了造成进攻的突然性，苏联最高统帅斯大林决定于 1945 年 8 月 9 日对关东军发起攻击。同日本偷袭珍珠港一样，没有预先通知。直到 8 月 8 日，日本还被蒙在鼓里，仍按自己的计划收缩主力。

与此同时，美国空军第五〇九混合大队从 6 月底开始进行战斗演习训练，此后又进行了实战训练，即用普通炸弹对日本进行轰炸。这样的训练可以达到两个目的：其一，让飞行员熟悉目标区情况，提高轰炸技术水平；其二，模拟与投掷原子弹相同的战术，使日本人习惯 B-29 飞机小编队高空飞行，用以麻痹日本人，达到使用原子弹的突然性。

经过几个月的严格训练，第五〇九混合大队投弹命中率大大提高。费雷比是最优秀的投弹手，他能在万米高空目视瞄准，将模拟弹投在直径 100 米的圈内。进入提尼安机场后，第五〇九混合大队开始过上了与世隔绝的生活。他们的营地四周围着铁丝网，并有重兵把守。混合大队昼夜练习飞行，全天候练习飞行。

第五〇九混合大队一次次模拟投掷，一次次飞行合练，目的是不管在任何天气都可以编队飞行。然而，他们在提尼安北机场总是受到其他部队的嘲笑，因为这个混合大队就像宝贝儿子一样受到特殊关照，却不知干些什么。即使是执行轰炸任务也只是小编队出动，而且从来没什么辉煌战果。当他们的飞机从北机场起飞的时候，常常伴随着一片嘘声和怪叫声。刚起飞的机组扔了 1 颗练习弹又飞回机场降落了。更多时间里，第五〇九混合大队藏身在一座座半圆形活动房内，受到铁丝网和轻重机枪的严密保护。

第五章

43 秒，一个令人惊悚的时刻

43 秒，8 月 6 日 8 时 15 分 43 秒，一道耀眼的闪光将整个飞机照亮了。尽管飞机背对着原子弹，费雷比仍然感到有一束亮光穿过护目镜，像是要穿透他的眼睛，直向大脑刺来，简直难以忍受。他觉得眼睛热辣辣的，脑袋有些生疼。费雷比突然发出一声惊叫，全身缩进坐椅中，心脏怦怦直跳。

◎ 原子弹之父

1945 年 7 月，美国"曼哈顿工程"实验室主任奥本海默与实验室的科学家们通力合作，终于研制出了 2 枚原子弹。科学家们亲切地把铀弹叫作"小男孩"，把钚弹叫作"胖子"。随后，名叫"瘦子"的第三枚原子弹也研制成功。

奥本海默，全名尤里乌斯·罗伯特·奥本海默，著名美籍犹太裔物理学家，"曼哈顿工程"的领导者，因 1945 年主导制造出世界上第一颗原子弹，被誉为"原子弹之父"。1904 年 4 月 22 日生于纽约一个富有的德裔犹太人家庭。1921 年，以 10 门全优的成绩毕业于纽约菲尔德斯顿文理学校，因病延至次年入哈佛大学化学系学习，1925 年以荣誉学生的身份提前毕业。随后到英国剑桥大学深造，他迷上了量子力学，开始攻读理论物理，加入著名的卡文迪许实验室。

1926 年，奥本海默转到德国哥廷根大学，随玻恩作研究。1927 年以量子力学论文获得哥廷根大学博士学位。论文发表当天，在座的评审教授竟无一人发言反驳。1929年夏天，回到美国，不幸感染了肺结核，在新墨西哥州洛塞勒摩斯镇附近的一个农场养病。后来，他在伯克利大学和加利福尼亚大学任教，即使是上课，烟斗也不离嘴，加上经常咳嗽，成为学生模仿的对象。他不看报纸，不看新闻报道，也不听收音机，对政治不感兴趣。他富于雄辩，擅长组织管理，精通8种语言。

"原子弹之父"：奥本海默

1939年9月，纳粹德国在发动战争的同时开始启动原子弹的研究。这个时候，美国罗斯福总统下达总动员令，成立了最高机密的"曼哈顿工程"，要求赶在德国之前研制出原子弹。主持人是格罗夫斯少将，他不顾陆军情报部门的反对，任命奥本海默为发展原子弹计划主任。奥本海默告诉军方，想制造原子弹就必须集中一流科学家和最好的设备于一个社区内，并统一指挥统筹。1942年8月，奥本海默被任命为研制原子弹的"曼哈顿工程"的实验室主任，并在新墨西哥州沙漠建立了洛斯阿拉莫斯实验室。洛斯阿拉莫斯实验室成功地制造出世界上第一颗原子弹，随后在阿拉摩高德沙漠上空引爆。

1945 年 8 月 6 日 8 时 15 分 17 秒，美军轰炸机向日本广岛投下了第一颗原子弹。当原子弹在广岛和长崎爆炸的惨象传来时，奥本海默心中充满了深深的罪恶感，以至于作为美国代表团成员在联合国大会上脱口而出："主席先生，我的双手沾满了鲜血。"气得美国总统杜鲁门大叫："以后不要再带这家伙来见我了。他不过只研制出了原子弹，我才是下令投弹的人。"

1947 年，奥本海默担任原子能委员会总顾问委员会主席，该委员会和爱因斯坦一起反对试制氢弹，认为这样会引起军备竞赛，威胁世界和平。1953 年 12 月，艾森豪威尔以"他早年的左倾活动和延误政府发展氢弹的战略决策为罪状起诉，甚至怀疑他为苏联的代理人"为借口对奥本海默进行安全审查并吊销其安全特许权。1954 年 4 月 12 日至 5 月 6 日长达 4 周的安全听证会，成为震惊世界的"奥本海默事件"。

奥本海默被解职后，在普林斯顿大学从事教学工作，美国科学家联合会对他的审查进行抗议。肯尼迪担任总统后，决定将 1963 年度美国原子能方面的最高奖——费米奖授予奥本海默，并准备亲自出席仪式。不幸的是，这位年轻的总统在仪式的前 10 天遇刺身亡。肯尼迪的继任约翰逊总统于同年为奥本海默颁发了费米奖和 5 万美元的奖金，但只是形式上恢复名誉，仍然不允许其介入军事机密。1965 年，奥本海默患上肝炎，于 1966 年退休。1967 年 2 月 18 日，因喉癌逝世。许多科学家参加了他的葬礼，并遵照他的遗嘱将其火化，骨灰撒在维京群岛。

为了研制原子弹，美国动用了 10 万名科技人员和工人，耗资达 20 多亿美元。没有人知道原子弹爆炸后的样子，有的科学家认为它不会响。有人则担心大气中有那么多氮气，原子弹爆炸会不会使整个地球燃烧起来。只有奥本海默的朋友罗伯特·瑟伯认为试验肯定能成功。后来有人问他，为什么会作出如此准确的预言，他微微一笑："我只是出于客气，想想看，作为奥本海默先生的一个客人，在主人面前，我只能挑他喜欢听的话说。"还有一位叫约瑟夫·赫希费耳德的科学家提出，原子弹爆炸会产生放射性尘埃，会导致严重的环境污染。

放射性尘埃是指落到地面的空气中的微粒，由于受核爆炸的污染而带有放射性。它们放射性寿命的长短不一样，一般而言，放射性早期对生命的危害大一些，晚期放射性减弱，对生命的危害小一些。

原子弹"瘦子"因长达 6 米，用飞机投掷不方便，于是被确定为试验弹。最初的设想是在 1 个容器中引爆"瘦子"，以防止爆炸物的扩散，避免危害人的健康。为此，实验人员特意制作了一个巨大的钢质容器。这个容器内径 3.05 米，长 7.62 米，内壳壁厚 15.42 厘米。"瘦子"穿上这件"外套"后，显得又高又大，科学家们亲切地把它叫作"巨物"。经过计算，爆炸的规模太大了，整个钢壳都会被气化，钢铁碎片会被抛到很远的地方，后果不堪设想。最终决定不用"巨物"进行试验。

第 1 枚原子弹研制出来后，格罗夫斯和奥本海默便忙着寻找试验场，这件工作由贝恩布里季博士具体负责。他勘察了许多地点，最后选择了距洛斯阿拉莫斯 200 公里以外，靠近新墨西哥州阿拉莫戈多空军基地的沙漠。这里虽处于空军基地范围内，但离飞机场很远。试验场宽 29 公里，长 38.6 公里。将原子弹运到试验场不是一件容易的事情，每一块炸药都要仔细检查、编号，再用透明胶粘贴得整整齐齐，然后放在防水的塑料袋中，再放在松木做的板条箱内。最后，把整个箱子牢牢地捆绑在军用卡车的货厢内，慢慢地运到试验场。钚弹芯放在一个防震的战地旅行箱中，由莫里森乘坐军用轿车护送。前面是一车武装警卫，后面是组装专家。为了安全，车队夜间启程赶往试验场。

关于何时进行这次绝密的试验，陆军部长史汀生和"曼哈顿工程"的负责人格罗夫斯一致认为，越快进行越好。他们决定向总统杜鲁门汇报，由他作出决断。杜鲁门对"曼哈顿计划"不是十分了解，看来这项工程的保密工作是十分有效的。史汀生首先详细地报告了研制原子弹的情况，并请杜鲁门制定一个试爆的时间。

杜鲁门听了史汀生的报告后，十分高兴："为了减少我们的牺牲，以最小的代价结束战争，务必尽快试爆。"

史汀生连忙点了点头，看来总统和他们的意见不谋而合。

"对于这次试验，你们有多大把握？"杜鲁门紧盯着史汀生问。

"把握是比较大的，"史汀生慎重地说，"但是还要看最后的试爆结果。"

杜鲁门深受鼓舞，经过坦率的交谈，他对于最高决策小组成员及科学家们之间的精诚合作感到由衷高兴。杜鲁门希望试验在 7 月 4 日美国独立日这天进行，作为献给祖国的一份厚礼。后来，由于裂变材料的生产问题，试验被迫推迟两周。杜鲁门最后批准，试爆的时间定在 7 月 16 日凌晨 4 时。这个时候，附近地区的居民大都在睡梦中，不会引起他们的注意。另外，预计爆炸后会出现强烈的闪光，黑暗中拍摄效果更好。

◎ 神秘的原子弹试爆

美军在试验原子弹的同时，曼哈顿工程区司令格罗夫斯将军指示他的得力助手弗曼："你要把 1 个东西带到提尼安。"弗曼后来才知道，那个"东西"叫"不可代替物"，代号"Bronx"货物。"不可代替物"看起来像个大圆桶，高不超过 0.6 米，直径却有 6 米。桶上有金属把手，好像不是用来提的，因为没有人提得起来。"不可代替物"重达 150 千克，其中 100 千克是铅绝缘体，产生于洛斯阿拉莫斯试验基地。全副武装的士兵押送"不可代替物"来到试验基地附近的阿尔布克机场，立刻装上飞机。3 架大型运输机组成编队，在几架战斗机的护航下，带着这个贵重的"货物"和许多技术人员、保卫人员腾空而起，小心翼翼地向美国西南部飞去，最后在旧金山的哈密尔顿机场降落。后来，人们才知道这个"不可代替物"就是原子弹"瘦子"。

"瘦子"被带到美国西海岸后，剩下的事情就是怎样把它带到提尼安空军基地。有两条途径可供选择：一是空中，一是海上。飞机空运是比较理想的，可以节省不少时间，这对于瞬息万变的战场来说太重要了。然而，"瘦子"耗费了无数人的心血，科学家们深知它的重要性，谁都不敢担保一定能够安然无恙地完成运送使命。这种事决不允许尝试后再作决定，万一飞机在机场起飞时出现事故，那么旧金山将会被夷为平地。飞到太平洋上空后，日本飞机会不会来捣乱？

既然空运风险太大，就只能选择海运了。从汉密尔顿机场西行23公里就是马雷岛海军造船厂。"印第安纳波利斯号"重型巡洋舰正停泊在那里，由于前段时间这艘巡洋舰在冲绳岛附近作战时，受到了日军"神风"特攻队的袭击，受了重创，一直在造船厂修理，它刚刚修好。格罗夫斯决定启用这艘重型巡洋舰执行运送原子弹的特殊使命。

格罗夫斯的请求发出后，很快得到了有关部门的批准。海军少将威廉·珀耐尔在旧金山办公室里紧急召见巡洋舰舰长麦克维："你的舰艇需要运送一批特殊货物，起锚后务必全速驶向提尼安。在那里，将货物转交他人。如果途中舰艇遭到袭击沉没，就算只剩下一只救生艇，也要完成运送任务。切记，不惜一切代价保护货物的安全！另外，你和你的士兵们不必知道这货物到底是什么。"

麦克维表示坚决完成任务，但是心中充满疑惑。这个"不可代替物"到底是什么，现在还不是麦克维这样一位上校舰长知道的时候。曼哈顿工程区军械主任、海军上校狄克·帕森斯只留给麦克维一句话："你所保护的东西，对于战争至关重要，它将提前结束这场战争。"

7月2日，美国陆军部长史汀生在前两周讨论的基础上给杜鲁门总统写了一份备忘录，全面探讨了政治解决日本问题的方法。备忘录认为，进攻日本本土的战争将会非常惨烈，远远超过对德战争。建议在进攻日本本土前发出警告，力争以最小的代价结束战争。由美苏英中四国对日本发出警告，要求日本无条件投降并允许盟军占领，并使日本彻底非军国主义化。只要不威胁战后和平，允许日本发展经济，还可以不取消天皇制。史汀生的备忘录为即将召开的波茨坦会议定了基调。

7月10日，进抵日本近海的美军航母特混舰队加入对日本本土的空袭。当天，美军舰载航空兵出动舰载机1220架次，重点空袭了日本北海道与本州之间的火车轮渡，彻底断绝了北海道向本州的煤炭供应。截至7月13日，美军舰载机共出动1820架次。

7月15日，原子弹的试验准备工作按部就班地进行。组装好的"瘦子"被安放在一个30米高的钢塔顶上，从接线盒到插在身上的引爆器，都用绝缘电线缠绕着，看起来像个怪物。奥本海默趴在钢塔顶上，做了最后一次检查。他心想，任务已经差不多快结束了。下来后，他激动的心情久久难以平静。预定的时刻就要到了，由于天气下着小雨，试验不得不推迟。每隔5分钟，奥本海默和格罗夫斯就走到掩蔽的指挥所外，焦急地等待着天气有所好转。

美军在试验原子弹的同时打算将其运到前线，将还处于试验阶段的原子弹直接运用于战场。这一天，负责原子弹运送任务的弗曼来到"印第安纳波利斯号"重巡洋舰上，它正停泊在旧金山猎人角海军基地。与他一起来的还有洛斯阿拉莫斯医院的外科主治医生诺兰，他是位放射学家。他们登舰后，贵重无比的铅桶被吊杆吊上了"印第安纳波利斯号"。弗曼和诺兰从左舷舱口看着铅桶被金属丝牢牢地固定在舰长室上方的甲板上。除了守卫人员，谁也不准靠近。临起锚时，麦克维舰长疑虑重重，他请来诺兰，想探听一个虚实。诺兰对"货物"的详情守口如瓶，他告诉这位好奇的舰长："我是一名军医，我可以向你保证，这件特殊的货物对舰船和船员没有任何危险，其他无可奉告。"

麦克维满腹疑惑："难道是细菌武器？我们还不至于用这种东西吧。"

诺兰不愿多说，赶紧离开了。

7月16日凌晨2时，雷电交加，暴雨突然而至。原子弹试验场上的所有科学家十分紧张，他们担心钢塔里的原子弹会意外爆炸。负责观测天气的哈伯德操纵着一台手提气象仪，不停地测着风向和风速。看着奥本海默焦急的神色，哈伯德安慰道："4时的试验可能要取消了，但也不用推迟到明天，5时至6时之间天气会转好。"

3时15分，云层渐渐散开，天上还出现了几颗星星。经过商议，奥本海默、哈伯德等人一致决定将5时30分作为试验开始的零时。

激动人心的时刻真的要来了。

实验开始前30分钟，一直守卫原子弹的5名士兵，打开塔顶的大灯，离开了钢塔监视点，分乘吉普车返回掩蔽指挥所。

5时25分，1颗绿色信号弹划破苍穹，警笛开始鸣叫。格雷森事后回忆说，当时很紧张，因为他的小组负责准备和安装引爆器。如果引爆不成功，可能就是他们的失误造成的。

5时29分，预警火箭点燃了。格罗夫斯趴在布什和科南特之间，在最后的几秒里，他一直考虑读数到零时没有发生爆炸该怎么办。

29分45秒，点火的线路合拢。

起爆器在多个起爆点同时点燃，爆炸波使钚弹蕊结合，链式反应开始启动。极短的时间内，巨大的能量被释放出来。32公里范围内，强烈的闪光像几个正午的太阳那样耀眼。紧接着，一个巨大火球渐渐升起，它的颜色不断变化，先是金色、紫色、紫罗兰色、灰色，最后变成了蓝色。持续了十几秒钟，附近的每一座山峰、每一个山谷都被照亮了。随后，这个火球又变成了一个蘑菇云，缓缓升起，一直上升到3000多米才渐渐熄灭。此后，一个巨大的云团像风暴中的海浪，汹涌澎湃地上升着，一直升到10000多米的高空。主要爆炸发生后不久，云团中又发生2次附加爆炸。

爆炸发生半分钟后，暴风开始向人们和建筑物冲击而来，紧接着是强烈而可怕的声音。大地在颤抖，仿佛世界末日来临。对于原子弹威力的估计，贝特领导的理论部当初估算相当于2000吨TNT，但这个数字只有核物理专家拉比相信。此刻，这一爆炸远远超过了科学家最乐观的估计。

一个新的时代诞生了。

格罗夫斯保持着军人指挥官的冷静。一位科学家含泪向他报告："爆炸把全部观察仪器和测量仪器损坏了。"

格罗夫斯微笑着安慰他："没关系，既然仪器都承受不住，说明爆炸威力太大了。而这，正是我们所希望的。"他还对法雷尔将军说："看来战争真的要结束了，这个家伙只要一两个，日本就会彻底完蛋。"

原子弹爆炸后，在地面形成了1个直径360多米的大坑，坑壁略向中心倾斜。坑的中心还有1个直径40米、深1.8米的浅坑。坑内物质是极细的粉状灰尘，坑外植物荡然无存。安装原子弹的钢塔消失得无影无踪。离钢塔450米远，原来有1根埋在混凝土中直径10厘米、长4.8米的钢管，爆炸发生后也没了踪影。

8 时 30 分，负责运送原子弹的美军"印第安纳波利斯号"重巡洋舰离开旧金山驶往马里亚纳群岛的提尼安岛。"印第安纳波利斯号"以最快的速度，劈波斩浪，昂首前进。

16 日 11 时，美国新墨西哥州的新闻报道开始涉及这次惊天大爆炸。出于保密，阿拉莫戈多基地的司令官通过美联社向外界发布了这样一份公报：

今天上午，阿拉莫戈多空军基地接到多次询问，一次大爆炸发生在空军基地。经调查，这是一所大型军火仓库发生的爆炸，该仓库位于基地中心较远处，里面有大量的烈性炸药和军火。爆炸没有引起任何人员伤亡，军火库外的财产没有受到太大损失。提请市民注意的是，由于爆炸中有毒气弹被引爆，导致大气中含有对人体有害的物质，这可能会影响到大气的质量。陆军当局认为，少数居民应该暂时迁移。

原子弹的爆炸令整个新墨西哥州骚动不安，一位妇女 16 日晚去新墨西哥州，凌晨 5 点时来到一个村庄，不停地敲一户居民的门。她惊慌失措地大叫："太奇怪了，我刚才看见太阳升起来了，又立刻落下去了。"

据有关材料记载，爆炸发出的闪光在 290 公里远的地方就能看到，爆炸声在 160 公里的地方就能听到。爆炸震碎了 200 公里远的一些玻璃。爆炸形成的云团包含着高浓度的放射性物质，它们主要是地面扬起的灰尘和大量气化的铁，这些铁和空气的氧混合燃烧而造成了一些附加的爆炸。

◎ 让原子弹叫醒战争疯子

7月17日，美国空军完全掌握了制空权后，水面舰只直接进入日本海，开始用舰炮轰击岸上目标。神户、大阪、日立、舞鹤、清水等港口均遭到美军舰炮的猛烈轰击。

7月17日至8月2日，苏美英三国在德国柏林郊外的波茨坦举行会议。会议除了处理德国和欧洲的一些问题外，还讨论了日本问题，并通过了《波茨坦公告》，要求日本政府立即宣布所有武装部队无条件投降。由于苏联没有对日宣战，这个公告是以美、英、中三国的名义对外公布的。

7月20日清晨，运送原子弹的"印第安纳波利斯号"重巡洋舰抵达夏威夷，驶入珍珠港。在此停留了6个小时，补充了燃油和各种军需品后，再次起航。

7月24日，美国军方正式下达了核袭日本的作战命令。

运送原子弹的"印第安纳波利斯号"重巡洋舰

美国陆军战略空军司令斯帕茨将军：

1. 第二十一轰炸机联队、第五〇九混合大队应于1945年8月3日后，在气候条件许可目击轰炸的条件下，立即对下列目标之一投掷特别炸弹：广岛、小仓、新潟和长崎。为带领陆军部派遣的军事人员和非军事的科学人员进行观察和记录炸弹的爆炸效力，另外派飞机随同运载特种炸弹的飞机飞行。观察机应距炸弹爆炸点数英里之外。

2. 在本部准备就绪时，即运去投掷于上述目标的炸弹。至于上述地区以外的其他轰炸目标，另候命令。

3. 一切发布有关对日使用武器的情报均由美国陆军部长和总统掌握。非经事先特别批准，司令官不得就这个问题发布公报或透露任何消息。一切新闻报道都要送陆军部作特别检查。

上述指令是奉美国陆军部长和参谋总长指示并经其批准而发布的。希望由你亲自将该指令的副本转送麦克阿瑟和尼米兹两将军各一份，以供他们参考。

代理参谋总长参谋团将军 汉迪

1945 年 7 月 24 日

7月25日，美军统帅部下达作战指令："8月3日后，只要气象条件允许目视轰炸，第五○九混合大队即可开始对日本投掷第一颗原子弹。"

7月26日，美军"印第安纳波利斯号"重巡洋舰到达提尼安岛，停泊在离海岸0.5海里处。运来的"货物"被小心翼翼地用吊杆吊起来，越过甲板栏杆，放到舰旁预先准备好的驳船上。

至此，"印第安纳波利斯号"重巡洋舰顺利完成了"货物"长途运送重任，然后奉命到日本海域参战。3天后，这艘军舰及其军舰上的水兵就走向了末日，他们永远都不可能知道自己运送的是什么东西了。1艘来自广岛吴港码头的日军潜艇，在菲律宾海域偶然遇到了"印第安纳波利斯号"。日军潜艇当即发射了2枚鱼雷，击中了这艘重型巡洋舰的舰艉右舷。就这样，排水量9000多吨、1996名舰员的"印第安纳波利斯号"重型巡洋舰在2声爆炸后，沉入了海底。三分之一的水手在睡梦中便葬身海底，跳海的800多人在茫茫大海中漂泊了四五天，曝晒，严重的缺水，加上长久的饥饿疲乏，还有鲨鱼的不断袭击，导致他们一批一批死去。

7月27日6时，东京的海外放送受信局收听到了《波茨坦公告》。在日本政府看来，这项公告中，盟国的立场与之前相比有些松动。苏联没有签署公告，似乎仍在保持中立；盟国放弃以前绝对无条件投降的主张，转而提出了同日本建立和平的8项特殊要求。

下午，日本首相铃木贯太郎主持召开内阁会议，讨论是否在日本国内发表《波茨坦公告》。与会者争论相当激烈。最使大臣们感到不安的是通牒中没提到天皇，也许这是在暗示天皇的地位将维持不变。投降是很可怕的，但公告只是要求日本所有武装力量无条件投降，而不是像1943年开罗宣言那样，要求日本国投降。更令人振奋的是，苏联人没在公告上签字，这意味着苏联仍将保持中立，可以重新开始谈判。

会议即将结束时，主战派和主和派终于达成了一致意见，暂时不对公告发表评论，等待苏联对天皇的调停要求作出答复。对于公告，还是决定予以发表，至于公告中一些可能挫伤国民战斗意志的词句，如允许军队解甲归田、无意奴役日本民族等条款等，则被删除。另外，各报刊登时要用小号字体印刷。次日清晨，遵照内阁的要求，日本各大报发表了有关消息，但没有发表社论。《每日新闻》用大字标题宣称，这个公告是十分可笑的。《朝日新闻》刊登了铃木对记者的讲话，他表示："除了完全不予理睬这个公告，并坚决把战争进行到胜利结束，没有其他道路可走。"

7月27日到8月1日，美军每天出动飞机在日本各城市上空散发波茨坦公告和传单。传单警告说，日本如不接受《波茨坦公告》，将会受到更加猛烈的轰炸。每次传单散发后，接着就是一次普通炸弹的猛烈轰炸。对此，日本政府无动于衷。

杜鲁门和军方已经认识到，要想让日本接受公告的要求，必须用猛烈的打击来证明美国有能力摧毁日本，原子弹是最佳武器，能以极小的代价结束这场战争。

7月29日，美国陆军战略空军司令斯帕茨少将在关岛的第二十一轰炸机联队司令部召开会议，传达陆军部的命令。他宣布攻击目标依次是：广岛、小仓和长崎。到底将仅有的1颗核弹（另1枚还没有装配好）投向哪一个目标，需要根据目标区域的天气情况择机决定。

8月1日，准备执行原子弹突袭任务的美军第五〇九混合大队的 B-29

轰炸机机组人员进行了最后一次演习。

8月2日，杜鲁门开完波茨坦会议后，在回国途中，在他所乘坐的"奥古斯塔号"巡洋舰上发出了核袭日本的命令。

与此同时，杜鲁门还批准了曼哈顿工程的工作和科学研究发展报告。其实，早在1944年，康南特便向曼哈顿工程区司令格罗夫斯提议，有必要对曼哈顿工程的工作和科学研究发展写出一个完整的报告。这个报告要正式记录工程的一切活动，特别是有关科学技术和行政组织工作方面，这样就不会磨灭那些有功之人的贡献。他们预计，一旦原子弹取得成功，社会新闻媒体会大量需要有关这个工程的情报。他们也需要有个文件作为参加本计划的人员在同外人谈论时的指南，以免使他们无意中泄露了机密。经军事政策委员会同意，1944年4月，格罗夫斯请普林斯顿大学的亨利·史密斯博士编写了这个报告。

这个报告的内容并未泄露有关制造和生产这种武器所必需的军事秘密。它只提供了一些众所周知的科学事实梗概，并报告了这项工作的经过情况及各个科学机关和工业企业在它的发展中所起的作用。

◎ 出发前，交代一切

8月2日下午，美军第五〇九混合大队队长蒂贝茨带着投弹手托马斯·费雷比少校来到关岛的空军第二十一轰炸机联队司令部，向司令官李梅将军报告。李梅把两人带到摆着地图的桌子前，俯视广岛的最新侦察照片，并问费雷比在哪儿投弹最好。费雷比指向了市中心的 T 形桥，它位于日本第二军团司令部西南。李梅表示同意。

15时，执行原子弹攻击的绝密命令"第13号特殊轰炸使命"出台。命令定于8月6日实施，广岛的市内工业区再次被确认为第一目标，第二目标是小仓兵工厂，第三目标是长崎。命令强调只能目视投弹，不能动用雷达，将出动7架B-29轰炸机，"安诺拉·盖伊号"负责投弹。其余6架中，1架预先飞往硫磺岛，随时代替"安诺拉·盖伊号"，2架为蒂贝茨护航至目标附近，1架负责摄像，另1架空中实验。届时投下3个分别带着仪器的降落伞录下爆炸后的数据，其余3架随航并前往各个目标测验气象情况。

8月3日，美军太平洋舰队的1架反潜艇侦察机在例行侦察时，无意间发现了海面上漂浮的长达数公里的油迹。飞行员马上向基地报告了情况。这就是被击沉的"印第安纳波利斯号"重巡洋舰留下的痕迹。美军"赫尔姆号"舰艇被派来营救船员，搜索死难者尸体。舰长霍林斯沃在他的《搜索报告》中记录了当时的惨象："所有尸体状况非常糟糕，估计死后已有四五天了。有些尸体穿着救生衣或救生圈，有的只穿件短裤或粗布工装，大多数尸体一丝不挂。尸体已经肿胀腐烂，辨认不出脸部，大约有一半尸体被鲨鱼咬过，有的只剩下差不多一副骷髅。军舰所到之处，都有鲨鱼在周围活动，它们在争相撕咬尸体，有时我们不得不开枪把它们赶跑。大多数情况下，难以得到死者的指纹，他们手上的皮肤已经脱落，有的双手被鲨鱼咬烂了。在这种情况下，医务官只好从死者手上切下一块皮肤，脱水处理后，设法让它能够辨认。死者的所有个人财物都被取下来，以便用于辨别身份。尸体经过检查后，绑上三四发炮弹沉入海里。由于尸体太多，到天黑时还有很多未经处理。"

另外，还有1艘叫"弗伦奇号"的军舰也参与了搜索。它在2天内搜索到并检验了29具死尸，作出的报告也很单调，总是"尸体严重腐烂""无法取得指纹""被鲨鱼严重咬烂"。最后统计表明，1996名水手中获救幸存的只有316人，另外1680人长眠海底。

8月4日15时，美军第五〇九混合大队队长蒂贝茨召集执行命令的7名机组人员开会，听取核武器专家、原子弹设计者之一狄克·帕森斯的讲话。帕森斯说："你们将要投掷的炸弹是战争史上的新武器，它是迄今生产出的最具破坏力的武器。我们认为它会把半径5公里内的一切毁灭。"

话音刚落，听众中传来了一阵透不过气似的喘息。

接着，帕森斯对"曼哈顿工程"作了一些简单介绍，还放映了沙漠基地有关试验的影片。放映的画面效果不佳，帕森斯平静地根据他的记忆补充描绘了沙漠试爆。大家眩晕起来，就连知道此事的蒂贝茨也惊呆了。帕森斯又交代了一些戴防护镜等注意事项，他警告飞行员，任何情况下都不要穿过蘑菇云。之后是蒂贝茨向他的机组发表讲话。他告诫他的手下人，到时务必戴好护目镜，并宣布新的无线电呼号为"酒窝"。

8月5日15时30分，在第五〇九混合大队装有空调的炸弹贮藏室里，重达5吨的原子弹"小男孩"被小心翼翼地放到链式吊车上，然后平稳地移落到一辆拖车上。"小男孩"的心脏正是"印第安纳波利斯号"巡洋舰日夜兼程、横渡重洋、以生命作代价运载而来的"不可替代物"。炸弹外壳上写着一些粉笔字，这是希望日本人以及裕仁倒霉、预祝蒂贝茨及其同伴成功的口号。

炸弹盖着防水帆布，在庄严的仪式下被送到0.8公里外的停机场，然后被放到一个弹坑里。负责运送的飞机被拖到它上面。这架飞机是蒂贝茨驾驶的"安诺拉·盖伊号"B-29轰炸机，是根据他母亲的名字起的，正式名称为"82号飞机"。一辆吊车把"小男孩"吊进飞机的前弹舱，用特制的缆绳将它固定。炸弹并没有完全装配好，帕森斯目睹了许多飞机起飞时失事的情况，他担心会出事，这就会使整个岛被炸掉，于是向法雷尔建议起飞后再装配。法雷尔连忙给华盛顿的格罗夫斯将军发去一份电报："法官（帕森斯的代号）要求起飞后再装配。"格罗夫斯收到电报后，大吃一惊，但他远在万里之外，就算反对能有什么用呢？

8月6日0时15分，美军第五〇九混合大队队长蒂贝茨带着手下来到随军牧师那里。牧师让他们低下头，为他们做了动人的祈祷。祈祷后，他们到食堂吃了登机前的凌晨加餐。然后，大家回到宿舍休息。激动的心情令他们难以入眠，有人提议玩扑克，以便消磨掉最后的几个小时。

1 时 37 分，美军 3 架气象侦察机首先从北机场不同的跑道上同时起飞。23 分钟后，"安诺拉·盖伊号"和 2 架护航机的机组人员乘车刚抵达起飞地点便被弧光灯、泛光灯、发电机、摄像机、摄影师、电影导演及到处乱窜的摄影记者围了个水泄不通。这是格罗夫斯将军计划中富于意义的环节之一，他要把起飞的历史场面记录下来。一些科学家对格罗夫斯的这种安排非常不满。

2 时 20 分，最后一张合影拍完。每个人尽力掩饰内心的紧张和不安，露出满面笑容，装出一副轻松愉快的样子。蒂贝茨机组 12 个人一个接一个地爬上舷梯，钻进前舱门。就在这个时候，格罗夫斯的助手法雷尔将军发现帕森斯忘带了一件东西："你的枪呢？"帕森斯于是从旁边一个人那儿借了一支手枪，插在腰带上，转身爬上飞机。除了每人必须带枪外，蒂贝茨飞行服的口袋里还预备着 1 只小金属盒，里面装有 12 粒氰化物胶囊。上司命令他们若遇不测，可以从"用手枪"或"用毒药" 2 种方式中选用 1 种方式自杀。

2 时 27 分，北提尼安指挥塔向"安诺拉·盖伊号"发出滑行和起飞命令："酒窝 82，北提尼安指挥塔命令沿 A 跑道向东起飞。"

2 时 45 分，蒂贝茨扭转头向副驾驶员罗伯特·刘易斯上尉："出发！"

"安诺拉·盖伊号"轰炸机严重超载，其中包括 32000 升的汽油。飞机在洒了汽油的跑道上异常艰难地向前滑行。眼下滑行距离已经超过了跑道长度的三分之二，可是速度依然很慢。机组人员面面相觑。

"飞机太重了！"罗伯特叫道，"拉起来——快！"

蒂贝茨一声不响，他在让飞机继续滑行。眼见跑道将尽，大地快要消失了……就在眼前出现空旷海洋的一刹那，蒂贝茨的飞机拉了起来。

法雷尔将军在指挥塔上惊出了一身冷汗，心怦怦直跳："我从未见过飞机需要这么长的跑道，我真以为蒂贝茨飞不起来了。"

◎ 时间在这一刻凝固

8月6日3时，"安诺拉·盖伊号"轰炸机升至1500米的高度。机组的新成员帕森斯上校来到蒂贝茨背后，拍拍他的肩膀："开始吧。"

蒂贝茨点点头。

帕森斯带着助手杰普森上尉来到弹舱，他从口袋里摸出1张有11项检验项目的清单，让杰普森举着电筒，开始一项项进行检查，并安装原子弹上仅剩的几个关键部件。杰普森将工具一件件递给他。

这个时候（华盛顿时间8月5日13时）也是美军曼哈顿工程区司令格罗夫斯将军预计收到"安诺拉·盖伊号"飞机起飞报告的时间。他一大早便来到办公室，处理完当天的事务，就焦急地等待消息。时针已经过了13点，仍然没有消息传来。

3时15分，帕森斯开始向"小男孩"中装填炸药，并连接了走爆管，接着又装上装甲钢板和尾板。不过，他留了一个至关重要的扩电路特意没有接上。为了保险，他准备将这一工作留到投掷时再做。

3时55分，美军2架护航机加入了"安诺拉·盖伊号"的行列，蒂贝茨成为V形编队的刀尖。到底要对两个目标城市中的哪一个投弹，谁也不知道，大家都很紧张。在飞过本州海岸时，天气情况很好。蒂贝茨冷静地把飞机拉平，向广岛方向飞去。这时，再次收到气象侦察机发来的预报："广岛天气晴朗，上空能见度良好，小仓不良。"

5时（华盛顿时间5日15时），一直等不到核袭广岛消息的格罗夫斯决定找点事做，以减轻焦虑的心情。他告诉值班军官，说要去网球场，有消息随时通知，又让另一个军官带着电话机来到网球场，每15分钟和总部通一次电话。

6时30分，海军上尉杰普森在弹舱将炸弹起爆装置的最后一个电路接通了。所有准备工作全部完毕。杰普森通知了帕森斯，帕森斯通知了第五〇九混合大队队长蒂贝茨。蒂贝茨通过话筒向大家宣布："我们即将投掷世界上的第一颗原子弹了！"好几个人激动得喘不过气来，因为他们是第一次听到"原子弹"这个词。

7时（华盛顿时间5日17时），美军曼哈顿工程区司令格罗夫斯回到办公室，值班军官告诉他陆军总参谋长马歇尔将军打来电话，询问任务执行情况，并关照说："不要打扰格罗夫斯，他考虑的事情太多了，希望能早点得到消息。"

7时25分，先行的伊瑟利少校的气象侦察机发来消息，他的飞机在广岛上空巡航时，没有日本飞机拦截，高炮火力也很微弱。伊瑟利报告："所有高度上云覆盖率低于十分之三。建议优先考虑。"领航员范柯克报告："已经接近广岛。"接着，他又报告说临近目标。

蒂贝茨对着话筒通知大家："下面是广岛，下面是广岛。"在薄云的空白处，他和帕森斯看到了一个城市的轮廓清晰地出现在视野内。

原子弹轰炸前的广岛

"同意将它作为目标吗？"蒂贝茨问。

"同意。"帕森斯干净利落地回答。

"各就各位，准备投弹。"蒂贝茨对着话筒宣布，"戴好护目镜。"

6日8时（华盛顿时间5日18时），美军曼哈顿工程区司令格罗夫斯在夫人和女儿的陪伴下，来到海军俱乐部与陆军部长史汀生的助手乔治·哈里森共进晚餐。他对哈里森说："前方还没有消息。"

8时13分30秒，投弹手费雷比开始控制飞机，他研究过目标照片上的每一个细节。现在，广岛市中心的那座T形相生桥向他瞄准器的十字线飞快地靠近。没错，就是钢筋结构的相生桥，高达1.5米左右的石栏柱共有几十根，看上去是非常非常坚固。

"对准了。"费雷比说。

"再校准一次。"蒂贝茨像是对费雷比，又像是对其他人说，"把护目镜拿在手里，准备投弹时使用。"

8时15分17秒，炸弹舱门自动打开。投弹手突然叫道："投出去了！"

飞机由于重量一下子减轻了5吨，顿时晃晃悠悠地向高空升去。蒂贝茨赶紧让飞机做了60度的俯冲和150度的右拐弯。原子弹正在下坠，先是自由下落，随后弹头指向目标，稳稳地掉了下去。

43秒，8月6日8时15分43秒，一道耀眼的闪光将整个飞机照亮了。尽管飞机背对着原子弹，费雷比仍然感到有一束亮光穿过护目镜，像是要穿透他的眼睛，直向大脑刺来，简直难以忍受。他觉得眼睛热辣辣的，脑袋有些生疼。费雷比突然发出一声惊叫，全身缩进坐椅中，心脏怦怦直跳。

同一时刻，范柯克发现一道强光充满了四周，把整个座舱给淹没了。白中带绿的光像恐怖电影那样。刹那间，不仅是机舱，就连附近的云彩都变成白中带绿的颜色。

蒂贝茨也感受到了同样的情景，由于光线太强，他什么都看不见，包括面前的仪器，他连忙扔掉护目镜。机尾射手卡伦看见一团巨大的火球腾空而起，急速扩散，就像一颗星星突然裂开，迎面朝他们飞来。他连忙高声发出警告。

就在这时，巨大的冲击波夹杂着爆炸声，使飞机猛地向上一蹿。蒂贝茨觉得声音有点像高射炮的爆炸声，随即脱口而出："高射炮！"然而，没有烟火升起。卡伦又叫道："天哪，又来了！"又是一阵剧烈的震动，不过飞机没有出现任何异常。

气浪过后，飞机掉转头，掠过目标，开始观察。刚开始，机组人员看见下面的广岛出现了一个白色的亮点，有乒乓球那么大。转眼间，这个亮点变成了一个紫色的篮球，而且越来越大，越来越亮，一面上升，一面发出浓烟。紧接着，一道紫色的火柱从火球中冲出，迅速上升到1000米的高度，仍在继续上升。这根火柱升到2100米高的时候，远远看去，像是一颗彗星从外太空飞来，但是覆盖面积比彗星要大得多，似乎大半个天空都被盖住了。巨大的火柱穿过灰白的薄云升到高空，又像火箭一样，呼啸着，翻滚着，穿过一切阻挡它前进的东西。烟雾和火光混在一起，整个机组的人感到周围好像有风暴在狂啸。

巨大的火柱上升到3000米的时候，它的顶端形成了一团硕大的蘑菇云。这团蘑菇云比火柱更活跃，里面充满了烟和火的浓白色泡沫，发出嘶嘶的声音，上下翻滚着，犹如大海中的波涛。七八秒后，蘑菇云迅速向上飞升，一直升到24000米高的同温层，从远处望去就像一朵对着太阳盛开的荷花。只不过这个"荷花"外面呈奶油色，里面是玫瑰色，边缘向下弯曲着。

不到2分钟的时间，蒂贝茨和机组人员亲眼目睹了"小男孩"从落下到爆炸的整个过程。当他们飞离爆炸点最后一次观察时，仍能看到黄棕色的蘑菇云在翻滚，一浪高过一浪，一层叠过一层，动魄惊心。

"安诺拉·盖伊号"轰炸机渐渐飞离广岛。

卡伦对着录音机开始录音："烟柱腾空而起。烟柱中心通红……到处起火……数不胜数……帕森斯上校之前谈到的那种蘑菇云出现了……"

负责检查轰炸效果的有2架飞机。1架叫"伟大艺师号"，载着年仅24岁的芝加哥大学物理学家哈罗德·阿格纽。他带着一套复杂的仪器，准备测试这次核爆炸的当量和范围。另1架编号为91，里面坐着圣母大学物理学家拉里·约翰斯顿博士。他带着快速实验照相机，准备用16毫米的彩色胶卷拍摄爆炸时的火球和烟云以及现场的破坏情况。尽管约翰斯顿博士知道这个事业是正义的，这颗炸弹拯救的人要比杀死的人多得多，但是他看到原子弹从天上落下和爆炸的情景后，感到深深的恐惧和愧疚。此后，那可怕的闪光和蘑菇云，在他的头脑中一直挥之不去。

8时16分刚过，东京日本广播协会的1名调控员发现连接广岛广播电台的电话线路中断了。几分钟后，东京铁路信号中心发往广岛的电报也被切断。不久，驻大阪的军事通信中央指挥部发现，与广岛的一切军事通信全部失灵。东京开始以为广岛变成了一座死城，但是11时20分，1个骑着自行车冲进广岛的同盟社记者通过一条地区电话线报告了目睹的情况。

8时45分（华盛顿时间5日18时45分），有人叫美军曼哈顿工程区司令格罗夫斯接电话，他拿起话筒。值班军官告诉他，"安诺拉·盖伊号"飞机已按计划起飞，但没有进一步的消息。按照计划，早就应该报告空袭结果了。格罗夫斯再回到办公室耐心等待，外面房间挤满了参谋人员，每个人都很紧张。格罗夫斯松了松领带，想营造一种轻松的气氛，但是没有收到任何效果。

13时15分（华盛顿时间23时15分），美军参谋总部打来电话，说马歇尔将军询问情况。格罗夫斯十分沮丧，他以为这次行动失败了。

13时30分（华盛顿时间23时30分），美军曼哈顿工程区军械主任帕森斯上校发来电报，格罗夫斯亲自把这条电报译出，电文是"结果明确，全面成功"。顿时，胜利的呼声响彻了整个办公室。马歇尔接到通知后，只说了一句："非常感谢你们打来电话。"格罗夫斯悬着的心终于放了下来，在办公室的一张帆布床上很快安然入睡。

18时30分（华盛顿时间6日4时30分），格罗夫斯收到了发自提尼安的一份长电报。他和他的助手们一边喝着咖啡，一边欣赏这份捷报。电报说原子弹爆炸后，向空中翻滚的紫色云雾和火焰像个大蘑菇，至少有 12000 米高，和在新墨西哥州进行的试验相比，规模同样巨大而令人生畏。电报没有提到广岛的伤亡情况。

大约 21 时（华盛顿时间近 7 时），马歇尔来到格罗夫斯的办公室。时间不长，空军参谋长阿诺德将军和陆军部长史汀生的助手乔治·哈里森也来了。格罗夫斯身穿整洁的军装，胡须显然是刚刚修过，显得十分精神。他们开始轻松地讨论另一个问题，如何发布原子弹爆炸的新闻才能让日本感到恐怖，促使他们早日投降。他们一致认为，不给日本以喘息机会，格罗夫斯立即拟定了一份声明，由总统向外宣布。

21 时 45 分（华盛顿时间 7 时 45 分），马歇尔和史汀生通了电话。史汀生同意打破封锁 5 年的原子弹消息，建议总统对格罗夫斯致以最热烈的祝贺。当天上午，马歇尔邀请格罗夫斯到战争部长办公室里办公。

坐在这个办公室里，格罗夫斯感到无尚荣耀，参谋们不断向他请示总统声明的措辞。对于这颗原子弹对日本人造成的伤害，格罗夫斯一点也不感到内疚，他心里想的只是复仇。他考虑最多的是在菲律宾战役和冲绳战役中伤亡的大量美军，而不是广岛的伤亡。然而，他也意识到，总统声明的措辞应当慎重。听取了各种不同的建议后，最后决定接受战争部长助理罗伯特·罗维特的劝告。

罗维特提醒格罗夫斯，空军以前曾经多次声称炸毁了柏林，但每次只能证明上次所说的是个谎言。格罗夫斯最后拟定的总统声明稿没有谈到广岛地面的伤亡情况，这些他们都不了解。重点描述原子弹本身的强大力量。

第六章

蘑菇云下的人间地狱

　　1 名职员正坐在银行门前的花岗岩石阶上，原子弹爆炸时，这些石阶被炸开一道缝。在几千万度的高温下，这个职员被烧成了气体，无影无踪，只在石阶上留下 1 个暗影。战后，这块石阶被保存在博物馆，直到现在石阶上的人影依然清晰可见。

◎ 广岛，哭泣都来不及

8月6日这天早晨，广岛市民的生活跟往常一样。8月的广岛异常炎热，警报声经常打扰人们的美梦，大家对此已经习以为常。每日每夜，美军飞机都在向日本投下成吨的炸弹。然而，广岛有幸没有遭到破坏。有人猜测可能是由于广岛向美国移民比较多，所以美国人对广岛比较友好。还有人甚至说，杜鲁门的一位远房姑妈住在广岛，所以美国总统特意关照不要轰炸这个城市。鉴于此，一些广岛人并不太仇视那些常常飞过头顶的美军飞机，甚至开玩笑地把B-29轰炸机称为"B君"。

8时左右，当防空警报响起时，许多人只是抬头看了看天，一点也没有感到惊慌。当原子弹落下时，不少人都看见从空中的B-29轰炸机上掉出来个纸屑般大小的白点。又过了一会儿，人们觉得那似乎是个降落伞，谁能想到会是威力无比的原子弹？一个叫田中的日本人甚至还朝"小男孩"伸出双臂，嘴里喊着："你好，天使！"巧合的是，在"小男孩"蓝色的铅皮上确实有一个"天使"，那是一张驰名全球的电影明星丽塔·海华丝的玉照，不知是哪位美国大兵将这位"爱之女神"贴上去的。很快，广岛人就明白了，这不是上帝派来的给他们带来幸福的天使，而是吃人的恶魔。

广岛，一个生气勃勃的城市。天守阁、广岛大学、国泰寺、三龙公园……一个比一个美丽的地方让人流连忘返。然而，随着那道强烈的闪光，美丽的广岛从此变成了人间地狱。原子弹没有落到预定的 T 形相生桥上，偏离了预先设计的弹着点 250 米，在市中心岛川医院上空的 555 米的空间爆炸。

广岛在浓浓的雾中开始燃烧。熊熊烈火从市中心向四周扩展。一根根粗大的火柱，旋转飞舞着向四面八方扑去。福屋百货商场、本州西部供电公司、广岛市政府，一个个大型建筑物被无情地笼罩在火海中，火从窗口里往里蹿，不一会儿就吞没了一幢大楼。到处是黑烟，到处是烧焦的气味。从横川车站到三龙公园，100 多米长的马路上躺着 90 多具尸体。一对男女被烧焦，两双手紧紧地握在一起。1 具尸体面部器官都烧掉了，看起来像个骷髅。还有 1 具尸体的手向前伸着，似乎想冲出火海。

岛川医院成了原子弹爆炸的中心地带，医院庭院的地面与爆炸空间正好是一个直角，成为广岛死亡世界的焦点轴心。距离爆炸中心 450 米的范围内，88% 的人当场死亡或在当天死去，剩下的 12% 在几个星期内或几个月内相继丧命。T 形相生桥长 120 米，桥身虽然未被炸断，但两侧的石栏杆一根根掉进河里，混凝土的桥面就像海洋中的波浪一样隆起了褶皱。在横川车站，电线杆都被烧焦了，乱七八糟地倒在那里。与车站相连的房屋，也几乎全倒塌了。瓦砾堆中，压着数不清的人。

5 层高的三菱银行是一座钢筋混凝土结构。第 5 层完全被掀掉，第 4 层情况好一些，还有一些残垣断壁倒在地上。下面 3 层也受到破坏，楼前都是弯曲的钢筋和光秃秃的柱子。当时有 1 名职员正坐在银行门前的花岗岩石阶上，原子弹爆炸时，这些石阶被炸开一道缝。在几千万度的高温下，这个职员被烧成了气体，无影无踪，只在石阶上留下 1 个暗影。战后，这块石阶被保存在博物馆，直到现在石阶上的人影依然清晰可见。

位于护城河畔天守台上的天守阁高大庄严，雄伟壮丽。据广岛人说，它被原子弹爆炸时产生的狂风吹了起来，就像沙漠中的海市蜃楼一样耸立在空中。它被刮往东南方向，一直刮了 100 多米。其实，真实的情况是天守阁在爆炸中一下子倒塌了，落在相距 100 多米远的对面沟里，完全失去了往日的风采，成了一堆碎瓦烂砖。

广岛第一中学的教学大楼也在这一瞬间完全倒塌。门窗被烧成了木炭，混在一堆砖瓦之间，就像一个大垃圾场。在教学楼的旁边，有 1 个消防用的大水池。池边有 400 多人躺在周围，大多数趴在池边死去。许多人在爆炸发生后，在热浪驱赶下来到水池边，被迫趴下来，但一趴下就再也站不起来。他们的衣服被烧焦了，骨肉毛发被烧焦了，只能从乳房和阴部这些部位的形状才能辨别出男女。有的人甚至变成了焦炭，根本分辨不出男女。

离爆炸中心较远的御幸桥，北边的栏杆很规则地并排倒在桥上，而南边的栏杆都掉到了河里。这些栏杆都是花岗石做的，柱顶都蹲着一个石狮子，应该说很坚固了，但它们好像是用纸糊的，一吹就飞了。桥下漂着数不尽的尸体，有的躺着，有的趴着，有的拉着手。这些人的衣服都被烧焦了，看起来好像半裸着一样。他们是被热浪烧伤，倒在河里的。

爆炸发生后，广岛呈现出一片破败景象。没有人知道发生了什么事，也不知道该怎么做。政府瘫痪了，交通中断了。很快，有人挺身而出，领导大家脱离险境，展开自救。最早帮助维持秩序的是警察前冈元治，他才18岁。爆炸前，前冈正裹着一条绿色毛毯在临时住所休息，这个住所在伊士山附近的大门院寺庙。爆炸发生时，他连人带毛毯飞向空中，之后甩到楼梯口。他刚跑出来，想看看外面发生了什么事，寺庙就倒塌了。幸亏那个毛毯，才使他没受到重伤。

前冈元治开始指挥混乱的人群向山上逃命，但这些人受的伤实在太严重了，一点也挪不动脚步。前冈找来一个大茶壶，提上山来。一路上，许多人都向他求救。在警校时，老师说烧伤的人不能多喝水，但他实在不忍心看到这些人痛苦的样子，就把水分给大家。

浜井新三，38岁，毕业于东京大学，性情内向，书卷气十足。他是一位和蔼的中层文职人员，在市政府部门工作，负责粮食和食品的分配。爆炸发生时，他正和家人待在郊区的房子里。爆炸发生后几分钟，他骑车往市政府赶去。到处是废墟和难民，他只好推着自行车前进，后来一位市政府工作人员告诉他几乎所有的政府官员都死了，包括市长。看不到消防队员来救火，显然消防设备已经失灵。

整个广岛市仿佛已经解体。

浜井新三感到自己应该负责解决难民的温饱问题。于是，他把那些仅存的市政官员组织起来，自任组长。浜井一改平时的书卷气，变得十分坚定，颇富领导才能。他对其他官员说，在离市政府最近的地方建立一个应急指挥部，他将亲自去寻找粮食，然后把粮食运到指挥部。他穿过逃向城外的人群，向城南的装甲车训练中心跑去，他需要几辆车来运送粮食。当他赶到训练中心时，那里的负责人却对他打着官腔："没有司机，车辆不能给你，而且我们正要下班。"

浜井新三十分恼怒，一改往日的温和，冲着那些官僚们吼道："你们太自私了，简直不可饶恕，难道你们没看到广岛市民正在挨饿吗？难道训练中心不属于国民吗？"激烈的争吵打动了 2 位在中心帮忙的大学生，他们走到浜井新三面前，自告奋勇："你说的我们都听见了，我们给你开车。"

浜井新三带着这 2 辆卡车回到了市政厅对面的广场，车上装满了面包。此时，政府大楼的明火已经熄灭，但是火星仍然不时冒出。天气热得简直要令卡车爆炸。其他官员已经在市政厅广场搭起了临时办事处。为了防止火灾的蔓延，周围的房屋已经拆除。广场上，挤满了受伤和饥饿的难民，他们渴望得到食物和药品。面包很快就到了大家手里。浜井新三四处奔走，安排郊区 3 个县的妇女每天自愿提供大米，并不断向上级领导呼吁，加强管理，救济灾民。他后来回忆说："当时，我仿佛是在梦中工作。"

其实，一切都不是梦。浜井新三在市政厅前被一名 12 岁的小姑娘拦住。小姑娘的脸、手、腿严重烧伤，她请浜井新三帮帮她。浜井找来一把椅子，让这个小姑娘先坐一会儿，并答应她马上回来，然后送她去医院。小姑娘在椅子上坐下，笑容浮现在脸上。几分钟后，等浜井新三回来时，小姑娘依旧僵直地坐在椅子上。浜井想把小姑娘抱起来，可是她不知什么时候已经死了。类似的事情时刻都在发生。

◎ 奇怪的症状

中村是政府官方同盟通讯社的记者，原子弹爆炸的时候，他正在广岛西部的一位朋友家里吃早饭，距离爆炸中心13公里。房间朝东的玻璃窗突然被震得粉碎，中村也倒在地板上。当他跑到外面时，看到一片巨大的黑色烟雾在广岛市中心升起，烟雾渐渐变成一个火球。他急忙骑上自行车，向广岛市区狂奔。沿途的景象令他震惊，来到总部，他发现只有一条电话线与外界有联系，这是连接冈山电台的。此时，已经是11时20分。中村拿起电话："请立即把这个消息转告给同盟社冈山办事处。"然后，他口述了一个令人难以置信的电讯："8月6日清晨8时16分，1架敌机飞到广岛上空，投下1枚特殊的炸弹，将整个城市摧毁了，预计死亡人数在15万以上。"

中村直接与同盟社办事处的负责人通了电话。办事处的工作人员把他们的谈话记下来。这位负责人对中村的电讯稿不太满意，让他再发一条比较实际的，没有夸张成分的消息，因为东京军事当局提供的情况没这么悲惨。中村义愤填膺，大骂东京军事当局是世界上头号的傻瓜，是没有人性的畜生。他把一路上见到的细节通过话筒讲给负责人听，不管是讲述者，还是接听者，都不由自主地流下了眼泪。

蜂谷道彦是广岛电信医院的院长，爆炸发生时正走在医院的花园里。当时，他被炸晕了。醒来时，已经是次日上午。蜂谷躺在医院一层楼的 1 间病房里，身上缠着浸透鲜血的纱布，地板上都是医疗器械。家具碎了，窗框碎了，一切都碎了。他想站起来，2 位医生连忙扶住他，其中 1 位是外科主任医师，他们身上也都缠着纱布。这位外科医师告诉蜂谷道彦，医院共有 2500 多病人涌了进来，电信医院的 125 张床位远远不够。病人已经占据了医院所有的空间，病房里、地板上、楼梯上、花园里，甚至有人躺在厕所里。这些人的症状十分类似：化脓腐烂的烧伤、呕吐和一种令人怀疑的腹泻。有些人不停地便血。医院里一片狼藉，没有人打扫卫生。

蜂谷道彦尽管受伤很重，但他想自己是院长，在这紧急关头应该负起领导的责任。他认为病人可能得的是传染性杆菌痢疾，于是叫人搭起一座棚屋，在能力许可范围内建立一个隔离病区。2 位朋友从附近城镇来看望蜂谷道彦，他们诉说了一路上见到的情景：“逃亡的士兵比漂浮在河面上的死人更悲惨，他简直没有脸！眼睛、鼻子、嘴都被烧了，耳朵也熔化了，根本分不清前后面。”他们还告诉蜂谷道彦，这场灾难是由一种特殊炸弹造成的。

蜂谷道彦感到非常困惑，一颗炸弹怎么会有如此大的威力？难道这颗炸弹含有某种细菌或毒气？到了 7 日晚上，医院的情况更加糟糕，病人和伤员不断增加，死亡人数越来越多，寻找亲属的人在医院里川流不息，到处都是喊人名字的声音。

夜深了，蜂谷道彦却无法入眠。他的妻子躺在旁边一张床上，伤得不是很重。许多病人由于伤痛不停地发出呻吟和哀号，令人毛骨悚然。这里得不到外界的消息，蜂谷道彦以为美国人真的要在日本登陆了，激战很快就会发生。正在胡思乱想时，1名病人向他的房间摸来。透过月光，蜂谷道彦看见他的面部受到了严重的烧伤，眼睛已经失明。作为医生，他第一次感到了害怕，大喊一声："你走错房间了。"话一出口，他又有些后悔，怎么也睡不着了，脑海中反复出现一个问题：广岛究竟是怎么了？

之后两天，蜂谷道彦病情明显好转，食欲还不错，所有的医生都为他感到高兴。然而，其他人的情况不断恶化，有些人出现了牙龈酸疼，长淤斑，身上出现了一些紫色的小斑点。蜂谷感到这些现象很奇怪，出现斑点说明皮下出血，但他们并没有碰伤啊。他在日记中这样写道："这是一种不知名的损伤，可能是由爆炸的巨大威力和高温所引起的大气压剧变而造成的。"

伤员仍不断地涌进电信医院，许多建筑物仍在熊熊燃烧，空中弥漫着焚烧尸体的气味。直到爆炸后的1个星期，蜂谷道彦才知道罪魁祸首原来是1种叫作原子弹的新式武器。他的1个老朋友，驻守在冈山的海军上校看望他时，说："你能活下来简直是个奇迹，原子弹爆炸实在是太可怕了。"

蜂谷道彦之前曾听到一些关于原子弹的传说，据说10克氢就能把一座岛屿炸飞。然而，他没想到原子弹还有很强的核辐射。他观察了很多病人，有些病人病势很重，但不久却康复得很好；有些人开始症状比较轻微，但在2天后却死了。便血和痢疾的症状不断减少，看来炸弹内没含有传染性痢疾病毒。

原子弹的威力实在太大了，在它落下的一刹那，已经注定这个恶魔脱离了美国人的控制。它要伤人时，不再仅仅指向日本人，也包括在它魔力范围内的美国人。一旦明白这场惨剧是美国人的杰作，日本人的愤怒就开始指向那些可恶的西方人。任何一个美国人都被日本人看成元凶，都应受到最严厉的处罚。18岁的矶子玉越过相生桥去寻找她16岁的妹妹时，看到了这样的场景：1名高大的穿着美国军服的人被绑在桥东头的一根石柱上，周围是愤怒的日本市民，一边叫喊，一边往他身上掷石块。毋庸置疑，这个可怜的美国俘虏没有命丧最先进的武器之下，却要被最原始的武器杀死了。

◎ 兴奋与内疚

广岛爆炸发生后，日本参谋本部急忙召来仁科等核专家研究对策，希望仁科能提出有效的预防措施。仁科也没有什么好办法，他只好说："你们把出现在日本上空的每一架飞机击落就可以了。"

日本参谋本部只能把这项最有效的建议当成一种梦想。拿什么击落每一架出现在日本上空的飞机呢？在中国大陆，中国军队已经发起了大反攻，日本陆军只能躲在碉堡或据点中。在太平洋战场，绝大多数岛屿失守，麦克阿瑟的部队正在逼近日本本土。除了"神风"特攻队能对美军造成一些威胁外，此时的日本法西斯已经没有能力组织有效的抵抗了。美军飞机进出日本本土就像在自家后花园散步一样。

此时，不管是东京还是其他城市，都被炸得千疮百孔。对于飞临上空的飞机，谁又能保证它没有携带原子弹呢？如果装有原子弹，广岛的悲剧必定还会重演。然而，为了维护所谓"皇军的荣耀"，参谋本部要求这些了解真相的科学家保持沉默，报纸也被禁止刊登关于原子弹的消息。

对此，那些关注民众命运的科学家忧心忡忡。一位参加"仁方案"的日本核物理专家后来曾痛苦地回忆："那个时候，我们一直受着良心的责备。在周围的所有人当中，只有我们知道即使是单独一架飞机，即使它只装有一颗炸弹，也会造成一场空前的大灾难。每当敌军的飞机飞来而民众又无动于衷时，我们真想对这些若无其事的人们呼喊：'快跑到防空洞里去！这可能不是普通的飞机，它可能会投下特殊的炸弹！'然而，参谋本部要求我们甚至对自己的家属也要严守秘密。我们只能沉默。由于我们不能事先告诉我们的民众，我们的内心感到万分懊恼和羞愧。我感到是我们这些科学家背叛了他们，也背叛了自己的良心。"

8月7日1时（华盛顿时间6日11时），白宫通知各报社，杜鲁门总统要发表一个重要公报。这个通知没有引起记者们的特别关注，因为公报太多了，许多貌似重要的公报大都没多大意义。当总统新闻秘书宣读公报后，记者们才知道这次新闻发布会的重要性。他们纷纷争抢放在门口的印好的公报，快速把这个消息通知各自的报社。公报内容摘要如下：

16小时前，一架美国轰炸机在日本的重要军事基地广岛投掷了一颗炸弹。这颗炸弹的威力相当于2万吨TNT。日本卑鄙地偷袭了珍珠港，挑起了太平洋战争，现已遭到数倍报复……

为了拯救日本人民于水火之中，我们于7月26日在波茨坦向日本政府发出了无条件投降的最后通牒，但是遭到日本政府的断然拒绝。如果日本政府仍然拒绝无条件投降，坚持将罪恶的战争进行下去，那么前所未有的毁灭性原子激流将如暴雨般落在日本人头上。

此时，杜鲁门刚参加完波茨坦会议乘船归国，正坐在"奥古斯塔号"重型巡洋舰后餐厅用餐。秘书送来1份电报，电报上写着："成功向广岛投放巨型炸弹。"杜鲁门长出一口气，抓住秘书的手说："这是有史以来最伟大的一天！"不久，1名军官送来了轰炸广岛的详细电文，并告诉杜鲁门，格罗夫斯已经在华盛顿发布了一项声明。

杜鲁门抑制不住内心的激动，用叉子敲打着面前的玻璃杯，示意大家听他讲话。他告诉就餐人员，这颗巨型炸弹就是原子弹。他兴奋地说："这是一次辉煌的胜利，我们赢了。"他跟大家说："所有声明中，原子弹的声明最令我高兴。"

与此同时，东京的同盟社无线监听站急忙把美军核袭广岛的消息上报，陆军省决定派日本最权威的核专家仁科前往广岛调查真相。首相铃木贯太郎得知原子弹的消息时，怎么也不相信一颗炸弹竟然有这么大的威力。当他接到仁科的报告后，震惊得说不出话来。

美军曼哈顿工程区司令格罗夫斯往洛斯阿拉莫斯打电话，告诉"曼哈顿工程"实验室主任、核物理学家奥本海默轰炸成功的消息。奥本海默听后松了一口气，向秘书安妮·威尔逊口述了一份广播稿，宣布了这个成功的消息。威尔逊后来回忆："听到这个消息，整个洛斯阿拉莫斯沸腾了，仿佛战争已经结束，我们取得了最终的胜利。"

沸腾的气氛平静后，奥本海默在礼堂召开了一次会议。平时开会，他来得很准时，而这次却特意来得很迟，而且从礼堂后面昂首阔步进入会场。当他进入后，礼堂响起了一片欢呼声、跺脚声，还有震耳欲聋的掌声。他双手举过头顶向大家致意，和大家共同庆祝这个来之不易的胜利。

7日上午（华盛顿时间夜晚），奥本海默在礼堂举行了庆祝舞会，然而会场突然出现了一种冷淡的气氛。许多人只是在闲聊，或是在沉默地喝酒。广岛破坏的情况已经传了过来，许多人的内心渐渐变得不安起来。

7日下午，日本2个调查团飞往广岛，调查广岛爆炸的真相。1个调查团由核专家仁科博士率领，由核物理专家组成；另1个调查团由防卫厅第二署署长正藏有末率领，以军事人员为主。

仁科代表团乘坐的飞机在半途出现了故障，不得不返回修理。当晚，仁科坐在理科研究所的办公室里，心情十分沉重。他留下了一封信："杜鲁门的声明如果是真的，我想作为仁科工程的负责人，我应该剖腹自杀。关于自杀的时间，从广岛返回后再确定。的确，美国和英国的研究人员赢得了一次伟大胜利，他们走在了我们前面……他们的性格比我们优秀。"

◎ 悲情一家人

　　原子弹爆炸后的第二天，惊恐逃离广岛的市民开始陆续返回家园，希望找到自己的亲属。其中就有四年级学生山崎进，他才 10 岁。山崎家住在城东练兵场附近，他最大的爱好就是看那些士兵操练，希望有一天自己也能加入他们的行列。此刻，他随着人流向城中走去，希望能找到失散的母亲。他母亲在房屋拆迁队工作，8 月 6 日一大早就出了家门。山崎像往常一样待在家里，哄年幼的妹妹玩，稀里糊涂地就被埋在碎石瓦砾之中。他挣扎着爬出来，看到一幅非常奇怪的情景。房子只剩下一个空架子，成群的人穿着破烂的衣服匆匆走着。一个陌生的妇女带着他，走到了城外。

　　清晨，山崎进回到家中，却找不到自己家的房子，像从人间蒸发了一样。他来到练兵场，只见四处都是堆得很高的尸体，场地上大火熊熊燃烧，许多尸体被扔进火里。整个练兵场挤满了烧伤的人群，他们不停地呻吟，希望能得到一点水。渐渐地，这些人的声音越来越小，最后再也不说话了。山崎在伤者和死者中间慢慢地走着，希望能找到母亲。死人的面孔变了形，为了辨认，他不得不凑近死者的脸。突然，他看到一个女人，像是自己的母亲，于是赶忙跑了过去。没错，正是母亲，往日慈祥的面容充满了伤痕，浮肿得很厉害。母亲怀中，山崎的小妹妹快要死了。山崎进忍不住哭了起来，很快又止住了泪水，他觉得应该肩负起家庭的责任。他跑到邻居家，借来1辆手推车，把母亲扶上车，离开了练兵场。在别人的帮助下，他做了1个小棺材，把妹妹放进去，运到1个临时露天火葬场火化。

山崎进又向人要来1瓶椰子油，涂抹在母亲的伤处，再用布把伤口裹起来。这个10岁大的男孩每天不停地为母亲换洗绷带，抹椰子油。母子俩每天的食物是发霉的红薯，后来连红薯都吃不上了，只能吃红薯叶。后来，母亲的头发开始脱落。山崎吓坏了，以为母亲要死了。很多人都是这样，头发掉完就死了。没想到，山崎母子却幸运地活了下来。

一直生活在广岛的依田彻回忆说："原子弹爆炸时，我只有12岁，离爆炸中心只有900米。我能活下来简直是个奇迹！"依田选择了留在广岛学习医学，并用一生的时间治疗这次核爆炸的受害者。

美国人在广岛投掷原子弹后，美国政府马上发动了一场对日本的宣传攻势。每隔15分钟，塞班岛上的美军电台就向日本人广播一次，告诉他们投在广岛的原子弹的巨大威力，约等于2000架重型轰炸机携带的爆炸力。电台呼吁日本人民敦促天皇结束战争。另外，美军还印刷了大量传单，向日本47个人口超过10万人的城市散发。传单内容如下：

美国提醒你们注意这份传单上所说的每一句话。

美国掌握了人类前所未有的破坏力最大的爆炸物——原子弹。这种新式武器的威力等于 2000 架 B-29 轰炸机所携带的全部炸弹的威力。希望你们认真思考一下这一可怕的事实。

我们向你们本土投掷这种炸弹才刚刚开始。你们如果还有什么怀疑的话，就请你们了解一下当下广岛的情况吧。

在这种新型爆炸物摧毁你们的全部战争资源前，你们最好现在就向天皇请愿，结束这场罪恶的战争。马上停止抵抗，否则我们还将使用这种新式武器。

赶紧疏散，从你们的城市中！

美军曼哈顿工程区司令格罗夫斯非常关注日本方面的报道，但他听到的情况有点出乎意料。东京的播音小姐语气依然乐观，她们轻描淡写地说："有 3 架飞机对广岛进行了常规性空袭。"还说，"东京开往广岛的列车暂停运行。"除此之外，没有任何关于广岛的详细报道。

难道日本军事当局没有被原子弹的威力吓倒？

格罗夫斯的疑虑很快就被另一件事冲淡了。离剑桥不远的 1 个英国乡村庄园里，拘禁着德国一些研究原子弹的专家，包括第 1 位成功将原子分裂的奥托·哈恩先生。当晚，有人就把广岛大爆炸的消息告诉了哈恩。哈恩起初不相信这件事，但这是来自美国官方的消息，所以他既感到震惊，又有些沮丧。他认为不管什么武器都不应该把妇女和儿童杀死。下楼后，他把这一消息告诉了其他人，包括著名物理学家、量子力学创始人海森堡。

哈恩说："如果美国人真的爆炸了含铀炸弹，那我们实在是太无能了。"

海森堡听了这个消息后，惊讶地问："他们提到这颗炸弹时，使用'铀'这个字眼了吗？"

哈恩摇摇头。

海森堡松了一口气："既然这样，那颗炸弹就跟原子无关。"

一连几个小时，这些科学家们就原子弹的真假和原子弹的道德问题进行反复争论。一些人相信消息是真的，不过更多人认为美国不可能解决那些曾经难倒过他们的许许多多技术性问题。哈恩最后说："我觉得海森堡的猜测是对的，美国人没有什么原子弹，这是他们的心理战。"

格罗夫斯一直命人秘密监听这些人的言谈举止，并即时向华盛顿汇报。当他读到这些监听报告时，不由得暗暗好笑。尤其是哈恩对美国保守原子弹秘密方面的赞语，令他感到非常得意。哈恩说："如果他们真的造出了原子弹，那么他们的保密工作真是太出色了。"海森堡说："我感到很羞愧，我们这些研制原子弹的教授们，竟然连美国人是怎么制成原子弹的都不知道。"

格罗夫斯很高兴，他觉得这是海森堡对奥本海默等科学家的最高评价。

◎ 匆匆准备二次核击

日本政府表面上风平浪静，其实内阁成员对是否接受《波茨坦公告》一直在争论不休。首相铃木和外交大臣东乡主张停战，但陆军大臣阿南和军部坚决反对。就在日本内阁一次次开会就是否停战问题进行争论的时候，格罗夫斯决定趁日本人惊魂未定，发动第二次核打击。格罗夫斯担心广岛原子弹爆炸会激起日本人的抵抗意志，于是决定让"胖子"大显身手，袭击目标选定在小仓。随后，杜鲁门命令欧洲的美国战略空军司令斯帕茨："除非有特别指示，否则按原计划进行。"

第二颗原子弹是内爆式钚弹，绰号"胖子"。当初计划投掷时间在 8 月 20 日，后来又改为 8 月 11 日。核袭广岛成功后，格罗夫斯又催促将时间定在 8 月 10 日，他认为这样可以彻底打垮日本人的抵抗意志，没有时间想出对策。然而，根据预报，9 日是好天气，9 日后的 5 天内天气都不好，不利于投弹，这就使得时间更加紧迫。工程技术人员诺曼·拉姆齐认为 9 日投弹很不合适，2天时间，很多检查程序都无法进行。

然而，他们又不得不执行命令。于是，在炎热的夏季，拉姆齐不得不闷在炸弹库中，加班加点安装"胖子"。为了放松心情，他继续收听东京那些温柔的女播音员的广播。当报道涉及广岛所蒙受的放射性伤残和死亡情况时，他感到有些不解。广播里说，这颗炸弹是爆炸型，而非辐射型，许多人死于砸伤，这些报道显然是一场宣传骗局。不过，他对另一些事情非常担心，据说要想尽快结束战争需要投放大约50颗原子弹，组装这些原子弹可不像盖个房子那么简单。他希望"曼哈顿工程"实验室主任奥本海默能改进这些炸弹的设计，以确保全体工作人员的安全。"胖子"结构复杂，在空中无法安装，拉姆齐只能待在炸弹库中没日没夜地干。这个时候，"胖子"的内脏部分已经组装完毕。

这一天，苏联人民外交委员会的一名官员给日本驻苏大使馆打电话，告诉他明天下午5时，苏联外交人民委员莫洛托夫约见日本驻苏大使佐藤，有外交事务相告。语调平静而轻松，和平时没有什么两样。

其实，佐藤比莫洛托夫更希望这次会晤，国内多次来电，催促和苏联谈判，希望由苏联出面调停。莫洛托夫对日本提出的一系列外交要求，不但没有答复，而是一推再推、一拖再拖。这次会晤，佐藤心想也许是商讨这件事的。佐藤这样想着，心里感到很轻松。

8月8日，拉姆齐开始组装"胖子"的外面部分，之后把它装到钢壳里，这时候它基本上可以上飞机了。已经是深夜，组装人员疲惫不堪，大家都准备休息了。拉姆齐做了最后的检查，他突然发现在内爆球前面的点火原件和尾部的雷达原件之间连接的地方好像不太好，似乎有什么问题。原来，这两个地方的插头都是阴插头，根本无法连接。拉姆齐吓出了一身冷汗，顿时困意全无。他一遍又一遍地检查电路，把所有的电线连接点又重新连接，至少检查了3遍。他终于发现了问题的所在，有一处线路焊接失误，要纠正这个错误就必须把焊点重新焊接。

这个时候再拆开重装可不是一件容易的事，需要全组人员行动起来，干上两天才能做完。拉姆齐决定冒险，采用非常规的办法，尽管条例规定不允许在组装室里存在任何能够发生热量的东西，拉姆齐还是叫来了技术员。他们从电子实验室借来一个电源插座，找来电烙铁，然后烧开电线，把插头焊在电线的另一头。做这些事时，拉姆齐非常小心，尽量不让电烙铁碰到"胖子"。就这样不分昼夜地苦干，"胖子"终于完整地躺在B-29轰炸机的弹仓里。

在拉姆齐看来，如此草率地组装一颗原子弹实在不是一种科学负责的态度，特别是在提尼安基地这样的条件下，飞机起飞时发生坠毁十分频繁，这架载着原子弹的飞机严重超重，出事故更是很难避免。基地司令也听说过原子弹的危险性，他强烈要求拉姆齐和帕森斯签署一份声明书，保证原子弹起飞时的安全。两人都在声明书上签了字，其实都没有多大把握。拉姆齐觉得根本不用担心事后被追究责任，如果发生事故，他们会被炸上天，根本就没有解释的机会。

此次空投任务落在第五〇九混合大队的斯威尼机组身上。斯威尼曾率领他的机组驾驶"艺术大师号"观测飞机在广岛轰炸中担任轰炸效果观测任务。由于这次"艺术大师号"上保留着科学仪表，将再次当作观察机使用。斯威尼只好用另一架B-29轰炸机"鲍克斯卡号"作为原子弹载机。斯威尼一次次地祷告，希望自己和保罗·蒂贝茨一样幸运。

8日清晨，仁科带领调查团就来到机场，而出现故障的那架运输机还没修好。日本政府对这个代表团好像不太热心。直到下午，调查团的1名成员才说服驾驶员，用1架运送弹药的运输机把他们运往广岛。

仁科听说广岛已经停电，便带了1台盖革计数器。他对助手们说："不需要更多仪器，从广岛的破坏情况和当地人的伤残情况就可以说明问题。辐射造成烧伤和其他烧伤不同，高温可能使铁轨熔化，伤员的白血球会显著下降。"

8日下午，仁科调查团来到广岛上空。从飞机上可以看到，这座昔日繁华的城市已经变成了烟雾弥漫的废墟，仁科的判断被完全证实。当他们在吉岛机场降落后，受伤的士兵向他们描述了爆炸时的瞬间情景，毫无疑问，广岛受到了原子弹的攻击。当晚，调查团向东京陆军总部发出电报，汇报了调查团的结论。

尽管仁科对原子弹造成的破坏感到震惊，但他表面上显得十分沉静，也没有停止工作。他带领全组人员积极工作，在废墟上进行各种测量和考察。距离爆炸中心约200米的半径内，所有屋顶上的瓦全被烧0.1毫米，根据这一事实，他可以大致估算出当时的温度。

由于原子弹发出的光线太强烈，周围的一切都褪色了，所有的东西都被烧坏了，在木板墙上留下了人体和各种物体的影子。通过这些影子，他们估算出炸弹在爆炸时的高度。他们还提取了爆炸中心的土样，以便返回东京的试验室后测定它的放射强度。

以防卫厅第二署署长正藏有末为首的调查团主要由日本军官组成，他们比仁科代表团早一天到达。这些狂热的军国主要分子希望这是一颗普通炸弹，以免动摇战争的决心。他们一下飞机，一位高级军官就来迎接他们。这个军官脸被烧伤了，看起来很严重。他指着伤处对正藏有末说："被烧坏的都是露到外面的东西，只要稍微遮盖点儿东西就不会有事的。对付这种炸弹还是有防御办法的。"

◎ 苏联人磨刀霍霍

8日17时，日本驻苏联大使佐藤的汽车在苏联人民外交委员会大厦前停下，佐藤从车里钻出来。警卫很有礼貌地走过来，检查他的证件后，摆手示意可以进去了。

大厅里空空荡荡地看不到一个人，和平常一样安静。佐藤提着皮包朝莫洛托夫的办公室走去。办公室里没有别人，只有莫洛托夫坐在沙发上，显然是在等他。

莫洛托夫看到佐藤进来，立刻从沙发上站了起来，向前走了两步。他的脸上没有笑容，极为严肃地说："大使先生，我代表苏联政府通知你，自1945年8月9日起，苏联将对日本宣战。"

佐藤刚刚还挂着习惯性微笑的脸，一下子就僵住了。他本能地说："日本和苏联是有条约的，而且时间还没到期。"

莫洛托夫没有回答他提出的问题，立刻将一份外交文件递到了他的面前，这是 1 份苏联对日作战宣言。1 个月前，波茨坦会议结束时，佐藤听说苏联将对日本宣战，当时就把这个传闻通知到国内，但是日本朝野仍有不少人抱有一种幻想，希望通过日本的外交努力，利用苏美英三国间的矛盾，让苏联改变进攻日本的计划。

佐藤看着苏联对日作战宣言，所有努力和希望都落空了，好像被人当头敲了一棍子。苏联对日宣言的内容如下：

希特勒德国战败投降后，日本是坚持继续战争的唯一大国。日本政府已拒绝今年 7 月 26 日美、英、中三国政府提出的日本武装力量无条件投降的要求。这样一来，日本政府向苏联提出的关于调停远东战争的基础就不存在了。鉴于日本拒绝无条件投降，联合国家向苏联政府提议参加反对日本侵略的战争，以便尽快结束战争与减少牺牲，尽早实现世界的全面和平。苏联政府履行本国对联合国家的义务，已接受联合国家的提议，并签署了 7 月 26 日联合国家宣言。

苏联政府认为，上述方针是为促进世界和平，拯救各国人民今后免受新的牺牲与苦难，使日本人民得以避免德国拒绝无条件投降所蒙受的牺牲与破坏的唯一途径。

鉴于此，苏联政府宣布：自明日，即 8 月 9 日起，苏联与日本进入战争状态。

1945 年 8 月 8 日

佐藤放下苏联对日战争宣言文本，掏出手帕擦了一下脸上的汗水，抗议道："日本对苏联决意采取的战争做法表示遗憾。这是一种片面的毁约行为，而且苏联把对日本宣战说成是为了拯救日本人民的苦难，这一点是毫无道理的。"

莫洛托夫没有理会佐藤的抗议和解释，冷冰冰地说："你可以将本国政府的宣言，及与我会晤的情况报告贵国政府。"

佐藤无奈地点了点头，拿起皮包，走出了苏联人民外交委员会的大门。回到大使馆后，他立刻把这个消息向东京作了汇报。

8日23时，东京方面接到了驻苏大使佐藤的报告，急忙命令关东军作好战斗准备。此时，离苏军发起总攻的时间只有70分钟了。日军就是有天大的本事，也不可能在70分钟内部署有效的防御措施。

苏军攻击的主要方向大出日军所料。日军认为苏军的主攻方向在海拉尔。这个地方离苏联边境最近，有铁路通向齐齐哈尔和哈尔滨，沿途地形平缓，便于大部队运动。然而，苏军的主要突击方向选在了其他两个方向：一个在蒙古东部突出部，另一个在苏联的双城子南北一线。苏军从这两个方向向中心突击，目的在于切断关东军主要集团与驻朝日军预备队的联系，迫使其一开始就处于两线作战的被动局面。

为了达到奇袭的效果，苏军统帅部对部队的进攻严格保密。各方面军或集团军的全部战役计划只限于司令员、军事委员、参谋长和方面军司令部作战部（处）长4个人知道；有关战役计划的全部文书都保存在司令员个人的保险柜中；居民不迁离边境地区；苏军继续执行正常勤务，像往常一样从事农副业生产；一切调动都在夜间进行，一直到8月8日深夜，部队才进入进攻出发地。

战役准备期间，苏军新到部队的无线电台只收不发，原有的无线电通信留在原地，并以常规工作量工作。苏联元帅华西列夫斯基、马利诺夫斯基、麦列茨科夫和其他一些将军到达远东时，都改了姓名，更换了肩章和领章。调到边境地区的部队，一到达目的地就构筑防御工事，好像他们只是为了防御，而不是进攻。部队驻地远离居民点，禁止与居民接触。此外，苏军还规定，进攻发起前，改变惯例，不进行炮火准备。

为保证战役的成功，苏联统帅斯大林进一步加强了华西列夫斯基元帅统率的苏联远东军，辖有 11 个诸兵种合成集团军、1 个坦克集团军、3 个航空集团军，包括 80 个师、4 个坦克机械化军、6 个步兵旅、40 个坦克机械化旅，共 157 万余人。苏军的兵力远远超过日本关东军。

◎ 第一时间自食其果

　　格罗夫斯以为广岛没有美国的俘虏，其实投放原子弹时，广岛有 23 名美国战俘。爆炸后的 2 个星期内，或许感到最恐怖的不是当地人甚至不是日本人，而是 10 名美国 B-29 轰炸机机组的战俘。

　　8 月 8 日，1 架执行轰炸广岛任务的美军 B-29 轰炸机在日本邻近的海域迫降，10 名机组人员在救生筏上度过了一周，后来被日本渔船捕获。9 天后，10 名被俘机组人员被送到广岛。当时，他们眼睛被蒙上，手脚被牢牢捆在一起，躺在城东练兵场的草地上。周围站满了愤怒的人群，他们想把对美国人的仇恨都发泄到这些战俘身上。战俘只要有任何动作，都会遭来一阵毒打。为他们当翻译的是军事警官福井伸一上尉，他在美国留过学，对美国有些好感，所以保护了他们。当那些围观的日本渔民准备了一块大砧板，要在上面切下美军俘虏的头时，福井出面阻止了他们的疯狂行动。他将俘虏押上一辆卡车，对着人群大声喊："我是负责他们的人！"人们只好让卡车开走。一路上，福井不停地给被俘的美国人大讲投放这种超级炸弹是多么不人道。

当车开到广岛火车站时，福井让司机停下，把战俘的遮眼布拿了下来。"看看你们干了些什么！"他愤怒地叫道，"一颗炸弹！就一颗炸弹！"这些美国俘虏面无表情地坐在卡车里，穿过市区。机组报话员马丁塞普夫后来回忆："那真是一次可怕的行程，看不见一幢立着的房屋，任何物体都不会移动，猫狗都没了踪影。空气中充满了一股烧焦头发的奇怪味道。没有任何声音，只听到福井愤怒地叫喊：'一颗炸弹！就一颗炸弹！'"

到城郊的时候，卡车再度停下，又有 2 名美国战俘被送上车。他们是来自马萨诸塞州罗威尔地区的海军飞行员诺曼·布里斯特和肯塔基州考宾地区的空军中士拉尔夫·尼尔。两人不断地呕吐，仿佛正在忍受着巨大的疼痛。B-29 雷达军官斯坦利·莱纹后来回忆道："我永远忘不了当时的情景，从他俩的嘴里和耳朵里不停地流出黏黏的可怕的绿色液体。"

这两名幸存的美军俘虏说，8 月 6 日，他们与另外 21 名美国飞行员被关押在广岛。他们只记得发生了一次大爆炸，然后大火开始燃烧。当时他们两人跳进了 1 个污水池，所以才保住了性命。这些美军俘虏都没听说过原子弹，卡车上其他的人也不知道，他们对这次爆炸感到万分惊讶。当然，他们还不知道，这两位俘虏的症状正是致命的核辐射中毒反应。当天晚上，这群战俘被监禁在 1 个日本军营的囚室里。那 2 名经历广岛爆炸的俘虏感到疼痛难忍，不停地叫喊着。看守的日本人实在不耐烦了，就把 1 只急救箱送给这两位俘虏，他们马上为这两个人注射了吗啡，可是吗啡也不管用。俘虏们要求为他们想想办法，军医来了，但他愤怒地说："我想听听你们有什么办法，炸弹是你们投的，我能有什么办法。"

176

整个夜晚，2 个垂死挣扎的人在痛苦中叫喊着。"他们祈求我们，用枪把他们打死，快点结束他们的痛苦。"莱纹回忆说，"不到天亮，他们就死了。"

索耶也是广岛美国战俘营中的 1 个战俘，他在 1 篇题为《原子弹落下那一天》的回忆录中说："爆炸发生的那天，一片混乱，日本兵忙着挖掘砖瓦堆寻找幸存者，也忙着搜寻其他战俘。他看到一堵烧黑了的墙壁，墙上有个灰色的人身轮廓，看上去像幽灵一样，阴森恐怖。"索耶判断，"爆炸时，这个人一定是靠墙站着的。"

索耶恶心得直反胃，在仓库那儿，他们找到了另外几个战俘的尸体。有 2 个倒在地上，第三个仍坐着，眼睛睁得大大的。眼珠化成了蜡状液汁，从肿胀发红的脸上慢慢流下来。

广岛大约有 3200 名日裔美国人，弗洛伦斯·加妮特就是第二代日裔美国人。美军核袭广岛前，她与祖父祖母居住在一起。爆炸当天，加妮特幸免于难，但是不停地呕吐、腹泻，身体极度虚弱，天上落下的黑雨弄得她满身都是。加妮特最后终于找到了祖父和祖母的尸骨。她把他们放到一堆木头和报纸上。这时来了 1 名士兵，帮她火化了。

爆炸中心的温度高达上亿度，处在中心的许多人瞬间消失得无影无踪，幸存的亲属一直以为他们失踪了。更多人刹那间被炸得粉碎，以至于连残骸都找不到。死难者的亲属只好就地捧起一把灰土，权当祭奠时的亡灵。

第七章

再打，日本将化为焦土

　　杜鲁门解释说，对于原子弹的使用，他比任何人都感到不安，但日本人对珍珠港的袭击和肆无忌惮地杀害战俘的做法，更令人感到不安。日本的残酷和野蛮已达到了令人发指的地步。对日本，无法讲公理和正义，日本人所能听懂的语言就是美国现在进行的轰炸。既然面对的是野兽，就得使用对付野兽的办法。

◎ 长崎成了第二个广岛

8月8日子夜时分，美军下达了第2次核击日本的命令。为了完成这次任务，他们事先进行了大量的准备工作，精心设计了轰炸中的每一个细节，每一个目标都在图上标得清清楚楚。

在美军核击广岛的同时，苏联统帅斯大林向远东红军下达了消灭日本关东军的命令。8月9日0时刚过，苏联远东军157万人以迅雷不及掩耳之势突入中国东北，对日本关东军发动了全线攻击。当苏联红军跨过沙漠、草原，强渡额尔古纳河、阿穆尔河和乌苏里江突然出现在关东军面前时，不少日军官兵还在睡梦中就被打死了。

8月9日3时47分，装着原子弹"胖子"的"鲍克斯卡号"B-29轰炸机起飞，同行的还有2架观察机。"鲍克斯卡号"的驾驶员是查理士·斯威尼少校，轰炸员是克米特·比汉上尉，军械师是阿希沃思海军中校，电子测试员是菲利普·耶恩斯中尉。"鲍克斯卡号"的推进器比普通飞机要长一些，由4个桨片组成。飞机前部像个橘子，机身上印着"77"，据说这个数字很吉利。

起飞前，曼哈顿工程区司令格罗夫斯的助手法雷尔将军得到消息，天气将会变坏，但在格罗夫斯的催促下，他决定按原计划执行轰炸。旁边一位海军军官在起飞前问查理士·斯威尼："少校先生，你知道这颗炸弹值多少钱吗？"斯威尼听说过一些原子弹的事情，他说："听说有2000万美元，是真的吗？"那位海军军官点点头，不忘提醒一句："当然是真的，就看你们了，别把这些钱白白扔了。"

这次轰炸第1目标是小仓，其次是长崎。为了尽可能轰炸第1目标，规定不管天气预报如何，轰炸机必须尽量靠近第1目标。如果第1目标不能进行目视轰炸，再飞往第2目标。负责摄影的飞机不能提前到达现场，以免引起日军的警觉。轰炸机经过硫磺岛前，必须事先和硫磺岛、提尼安岛基地联系，把情况核实清楚。到时如果不能确定目标，摄影飞机就必须把2个目标都拍摄下来。

载着"胖子"的"鲍克斯卡号"轰炸机起飞的时候，出现了一个严重的问题：1个燃油泵发生故障，不能把炸弹仓油箱中的3600升汽油输到发动机里，这意味着飞机可能会面临缺乏燃油的危险，而且还必须在往返途中带着这3600升汽油。然而，命令已经下达，时间紧迫，来不及调换飞机，更没时间抢修。斯威尼粗略估计了一下航程，认为燃油基本够用，决定继续飞行。这样，昂贵的"胖子"就只能坐着故障飞机出发了。

为了节省燃油，3架飞机不再经过硫磺岛，而是直飞日本本土。这时候，斯威尼仍然不知道在预定的轰炸目标中哪个将是受难者。小仓和长崎的命运取决于城市上空的风，如果风能吹来一片浓云，这个城市就会幸运一些，否则等待他们的将是灭顶之灾。

9日9时9分，3架B-29轰炸机在九州以南的屋久岛上会合。按照计划，另外2架提前起飞的观测和照相飞机应该在那里等候与他会合，可他只遇到了其中1架。斯威尼在那里等了30分钟仍不见另外1架飞机的踪影，于是载着"胖子"的"鲍克斯卡号"轰炸机和另1架观测机只好向小仓飞去。到达小仓上空时，他们发现了厚厚的云层，轰炸员比汉瞪大眼睛也看不清下面的情况。

斯威尼驾驶着飞机不停地在上空盘旋，希望发现一个缝隙，把"胖子"扔下去。45分钟过去了，目标仍不能出现在视野中。当斯威尼决定再一次进入小仓上空搜寻目标时，接到无线电报务员报告：从截获的日本截击航空兵使用的频率看，可能会有战斗机升空拦截。机上一阵慌乱，斯威尼来不及与基地联系便调转机头向西南方向飞去，他决定轰炸长崎。离开小仓后，斯威尼命令向基地发报："小仓上空无法投弹，改炸长崎。"

10时28分，载有"胖子"的"鲍克斯卡号"轰炸机抵达长崎上空。在轰炸员比汉看来，日本真是太小了，两个地方的天气竟没有多大差别，这里的上空也堆积着厚厚的云层。飞机仍然在上空不停地盘旋，一遍又一遍寻找目标。燃油越来越少了，再等下去，飞机将返不回基地。斯威尼对阿希沃思说："咱们总不能把这个可恶的家伙带回家吧？"两人一致同意启用雷达搜索目标，指挥投弹。

长崎市位于中岛川和浦上川流域，海拔200米的丘陵地带把城市分成中岛川地区和浦上川地区。商业中心在中岛川地区，县政厅、市政厅和其他政府机构也集中在这里。浦上川地区位于南北走向的两条丘陵之间的开阔地带，从长崎湾西岸开始，向北断续排列有一大批工厂群及许多住宅和学校，属于较发达的市区。

10时58分，阿希沃思启动了雷达装置。正准备投弹时，轰炸员比汉高兴地大叫："看到目标了！我看到目标了！"前方那厚厚的云层裂开一条缝隙，从缝隙中可以清晰地看到下面的情况。

其实，长崎居民已经从报纸上得知广岛被毁的消息，但并没有引起多少人的重视。3个小时前，长崎曾经拉响过1次空袭警报，但很快就解除了。人们依旧在忙着各自的事情，当"鲍克斯卡号"轰炸机飞临上空时，由于厚厚的云层遮掩，长崎并没有发现轰炸机，没有发出空袭警报。

11时2分，"胖子"脱离弹舱，闪动着可怕的灰黑色身影，从8500米的高空急速下坠。1分钟后，它在距地面约500米的高度爆炸。"胖子"没有落到预定地点，而是落在预定该目标以北2.4公里的地方，落在了2家大型的三菱兵工厂中间，把这2家生产军事物资的工厂炸得粉碎。该地属浦上川流域，四周是崎岖不平的山地，机上人员感到了明显的冲击波。

"胖子"爆炸的瞬间，据助理机务员弗拉上士后来回忆："我先是看到一阵可怕的闪光，紧接着便涌起了球形的烟云。"座机中每个人都感受到了炸弹的震撼。斯威尼说："我们在约13公里外，看见震波像池塘激起的水纹一样向我们冲来，震波有2次重重地打击着我们的飞机，飞机颠簸得非常厉害。"

失去联系的观察机，在大约160公里外看到了1条黑色的烟柱迅速上升，于是赶快飞了过来。然而，长崎上空的云层太厚了，根本拍不到1张清晰的照片。直到一星期后，才能进行清晰的观察。

返航途中，由于与提尼安基地失去了通信联系，加之燃油不足，斯威尼和博克决定飞到冲绳紧急着陆。当长崎的蘑菇烟云以惊人的速度从 7000 米升到 14000 米的高空时，斯威尼少校向提尼安岛的司令部发出报告："空袭长崎成功，效果良好。"

　　然而，在两个半小时前，没有按时抵达预定集合点的霍普金斯违犯无线电静默规定，向提尼安发电询问："斯威尼夭折了吗？"这个电文传到提尼安时，却变成了"斯威尼夭折了"。这种不可宽恕的断章取义使驻提尼安的美军司令部乱成了一锅粥。法雷尔准将和他的参谋部认为前方放弃了这次突袭任务，不知道究竟发生了什么，飞机是否正在返航？已将"胖子"丢在海里，还是带回了提尼安？直到法雷尔收到斯威尼的袭击报告后，他才从两个半小时的焦虑中解脱出来。

◎ 一切化为乌有

斯威尼飞离长崎时，距冲绳约 560 公里，机上燃油只剩下 1600 升，只能抵达离冲绳 80 ~ 120 公里的海域上空。看来，他们在归途中要变成落汤鸡了。更糟糕的是，提尼安基地方面接到霍普金斯的那份错译的电文后，把海空救援行动取消了。斯威尼呼叫海空救援，却毫无反应。面对严峻的形势，他只好向提尼安补发了 1 份较为详细的密电："目视轰炸长崎未遭反击，技术发挥成功，目测效应与在广岛相差无几，正向冲绳返航，燃油即将用尽。"

为节约燃油，"鲍克斯卡号"降低飞行高度，把螺旋桨的转速从每分钟 2000 转降到每分钟 1600 转。这样一来，飞机每小时耗油量为 1360 升，勉强可以飞抵冲绳机场。

距冲绳还有 15 分钟航程时，斯威尼开始呼叫冲绳机场 4 号塔台。连连呼叫，对方没有反应。斯威尼只得用无线电与附近的家岛联系，好不容易接通了，家岛塔台与冲绳塔台之间没有直接通信联络。因所用无线电频率不同，家岛塔台无法及时呼出 4 号塔台。此时，斯威尼突然发现了前面的冲绳，定神一瞧，机场上的车辆络绎不绝。关键时刻，右边的发动机熄火了。情况万分危急，斯威尼下令发射信号弹，红、绿两色信号弹在机身周围爆炸，可是大白天信号弹根本引不起地面人员的注意。他反复大声呼叫 4 号塔台，听到的却是塔台跟其他飞机的通话。如果机场上不清除上下穿梭的飞机，他强行降落不是撞毁正起飞的飞机，就是被进场的飞机撞毁。

斯威尼回头命令机组人员："快！发射所有信号弹！"瞬间，飞机上空炸开了五光十色的火花。斯威尼终于发现机场飞机正在火速疏散，消防车和救护车飞速开向跑道。"鲍克斯卡号"轰炸机像一列失控的货车，以每小时 225 公里的速度直插跑道，从跑道上颠起七八米高，又猛烈地回落到地上。当起落架再次触地时，左外侧的发动机也熄火了。这架 65 吨重的飞机疯狂地向停在跑道边缘的一排飞机冲去。斯威尼紧紧抓住驾驶盘，用尽平生力气压住应急制动器，使飞机在跑道上减速滑行，最终将它钉死在离跑道顶端不远的地方。机舱里死一般地沉静，机上人员全都瘫倒在椅子里。

远处警报器的尖啸打破了寂静。几秒钟后，一辆辆救护车飞驰而来。斯威尼刚想打开前舱门，1 个脑袋探了进来："死者和伤员在哪儿？"斯威尼幽默地指着北方的长崎回答："在那儿，你的背后。"在冲绳补充燃油后，"鲍克斯卡号"经过 20 个小时飞行，很晚才返回提尼安岛。

"胖子"爆炸时，光辐射和冲击波直接破坏的是浦上川地区。位于市中心区的中岛川地区受丘陵的良好保护，受到的破坏程度较轻一些。与 3 天前投向广岛的"小男孩"相比，"胖子"的威力更大。在爆炸中心 2.5 公里范围内，建筑物完全被破坏。长崎从 1944 年开始，逐步建立了比较完善的防空体系。1944年9月设立长崎防卫部，1945年2月组建长崎县总动员警备协议会。救护体系以市医师协会为中心组建。救护部下设22个救护所，如新兴善国民学校、胜山国民学校、伊良林国民学校、日本红十字会长崎分会、磨屋国民学校和稻佐国民学校等，计划将327名主要救护人员分散在各所担任骨干，并以长崎医科大学和三菱医院作为救护中心。

尽管长崎有如此完备的防御和救护体系，但由于"胖子"的威力太大，长崎仍遭受了重大损失和伤亡。离爆炸中心相当远的几处地方，爆炸后一个半小时开始起火，并发生了大火灾。长崎车站、县政厅、市公会堂等许多地方先后起火，大火很快又蔓延到附近的居民住宅，造成重大伤亡。突如其来的袭击，使日本防卫省基本丧失了指挥能力，很难掌握全局情况。县警备队、特别救护队、旧市区警察署、消防署和警防团等面对灾难虽然尽了最大努力，仍难以应付。长崎医科大学及其附属医院虽然是医疗救护中心，但由于受到严重破坏，医生和护士伤亡惨重，无法发挥预定的功能。此时，长崎的医疗救护体系被彻底摧垮。

在距爆炸中心半径400米范围内，除躲在防空洞内的极少数人幸免外，其余的人及牲畜当场死亡，最坚固的建筑物变成了一片废墟。在中心点东南方700米的长崎医科大学主楼和基础医学教学楼受到破坏并被烧毁，全校的教职员工有的当场被炸死，有的几天后死去，侥幸活下来的极少。本科和专科的一、二年级学生共580名，正在听课时遭轰炸，当场炸死414人。附属医院钢筋混凝土三层大楼只剩下外部框架，内部设施全被破坏，并燃起大火，人员伤亡惨重。稍能挣扎的人勉强爬上穴弘法的小丘，痛苦难忍地呼叫着朋友，要水喝。在此苦熬的约300人，次日早晨有一大半变成了僵尸。

浦上第一医院位于距爆炸中心 14 公里的本原小丘上，原子弹的冲击波毁坏了医院内部，并引起火灾，医疗器材和药品大部分被烧毁。3 天后，幸存人员清理了废墟，开始收治伤员。在输送大批伤员逃离市区时，救护列车起了重要作用。9 日下午到午夜，发出了 4 列火车。道尾至浦上之间的各站，如谏早、大村、川棚、早岐等都挤满了逃难者，列车每次运送人员 3500 名。许多伤员逃离长崎后，长崎附近地方和军队的各家医院纷纷收治病人，挽回了不少生命。

幸存者的回忆如同广岛一样触目惊心。一位年轻的船舶设计师得知轰炸的消息，急忙赶回长崎。后来，他在回忆录中这样写道："我必须过河才能到达车站。当我来到河边，走下岸到水边去，发现河里塞满了死尸。我在尸体上爬过去。当我爬过三分之一路程时，一具死尸在我的重压下沉了下去，我跌进河水里，把烧伤的皮肤弄湿了，特别疼。由于尸体排成的桥梁从中间断了，我爬不过去，不得不又回到岸上来。"

一个三年级的男孩说："我感到渴得厉害，就走到河边去喝水。看到许多烧黑了的尸体漂流而下。我把他们推开，才能喝到水。河岸边，尸体躺得到处都是。"

1 位美国海军军官访问了长崎，他在给妻子的信中描述了这个城市被炸 1 个多月后的情况："这个地方弥漫着一种死亡和腐烂的味道，从通常的腐尸气味到难以捉摸的恶臭，带有强烈的分解氮化物的气味。给我总体印象只有 2 个字——死寂。这种印象超越了我们身体感官所能体验到的一切印象，这是死的绝对本质，其含义是终结，不再有复活的希望。这一切并不限于一个地方，它遍及城市各处，什么东西都逃脱不了它的触摸。在多数被摧毁的城市里，你可以把死者埋葬，把废墟清除，把房屋重建，又将是一个生气勃勃的城市。然而，这里并非如此。正像《圣经》中提到的所多玛和格莫（它们因为人们的道德败坏而被毁于天火），整个城市没有复兴的希望了。"

和广岛一样，长崎被毁的不仅是男人、女人和数不清的儿童，还有饭店、旅馆、洗衣房、剧团、体育俱乐部、缝纫俱乐部、男童俱乐部、女童俱乐部、爱情、树木和花草、花园、城门、墓地、庙宇和神龛、传家宝、同学、书籍、法庭、衣服、宠物、食品和市场、各种日用品和艺术品。整个城市从根基上变成了一片废墟，凡是到过长崎的人都会惊讶于原子弹的巨大威力，它可以把一切化为乌有。

◎ 杜鲁门下令停止原子弹轰炸

8月10日，美国总统杜鲁门再次发出警告，如果日本不投降，将向其本土投下更多原子弹。日本政府通过瑞士政府就美军使用新式炸弹轰炸违反战时国际法一事，向美国政府提出强烈抗议。抗议书说："使用这种以往任何武器和投掷物都无法比拟的具有不加区分的破坏性和残忍性的炸弹，是对人类文化的犯罪。帝国政府在以自己和全人类及人类文明的名义谴责美国政府的同时，严正要求必须立即停止使用这种非人道的武器。"

接下来，日本新闻界开始全力批判原子弹爆炸罪行的活动。国际上一些爱好和平的人士也纷纷发表声明，反对使用这种残忍的武器。在罗马，教皇对日本平民所受的伤亡表示抗议。在芝加哥，著名物理学家西拉德要求芝加哥大学洛克菲勒纪念教堂的神父专门为广岛和长崎的死难者做一次祈祷。在华盛顿，全美基督教堂联邦协会给杜鲁门打来电话，反对进一步使用核武器。

杜鲁门解释说，对于原子弹的使用，他比任何人都感到不安，但日本人对珍珠港的袭击和肆无忌惮地杀害战俘的做法，更令人感到不安。日本的残酷和野蛮已达到了令人发指的地步。对日本，无法讲公理和正义，日本人所能听懂的语言就是美国现在进行的轰炸。既然面对的是野兽，就得使用对付野兽的办法。

与此同时，美军曼哈顿工程区司令格罗夫斯指示下属工厂加快生产钚和铀。在洛斯阿拉莫斯的原子弹试验基地，奥本海默仍在不停地安装原子弹。长崎投弹后不久，美军仍然在往提尼安岛运送原子弹的有关设备。后来，他们决定暂缓运输，因为有消息说，日本正在考虑投降。格罗夫斯和马歇尔商定，8月13日前如果日本仍然不接受无条件投降，将恢复运输。奥本海默听到这个决定后，非常高兴。他们正在给第三颗原子弹填充炸药，接到通知后，当即中断了这项工作。到了8月13日，格罗夫斯却不知该不该恢复原子弹的运输，而马歇尔和史汀生此时正在忙着分析日本人的意图。

21时（华盛顿时间10日7时），美国政府收到日本的投降照会。日本宣布接受波茨坦宣言，除了关键性的一点，即"它不能包含任何有损天皇陛下作为主权国家统治者职权的任何要求"。

美国总统杜鲁门当即同国务卿贝尔纳斯、陆军部长、海军部长以及总参谋长进行磋商。

杜鲁门逐个征求他们的意见。陆军部长史汀生和第二十一轰炸机联队司令李梅主张保留日本天皇，他们认为天皇问题与稳操胜局的战争胜利相比，是个次要的问题。贝尔纳斯不同意，他认为提出条件的应该是美国而不是日本，他说："我不能理解我们为什么要比在波茨坦时同意做的让步还要再进一步，当时我们还没有原子弹，苏联也没有参战。"

海军部长福莱斯特尔提出了一个折中的建议，美国可以在答复中表示愿意接受日本投降，但同时用能彻底实现《波茨坦公告》的意图和目的来确定投降条件。

杜鲁门采纳了福莱斯特尔的建议，他请贝尔纳斯起草一个可以表达这一意思的复照。这个答复在其关键性条款上有意模棱两可："从投降之时起，天皇和日本政府治理国家的权力将从属于盟军最高统帅……天皇和日本最高统帅部将被要求签署投降条件……政府的最终形式将根据波茨坦宣言，由日本人民自由表达的意志来建立。"

贝尔纳斯并不急于发出这一答复，在征求了英、苏、中三国政府的意见后，把它放在手边过了一夜，直到8月12日早上才送给无线电台去广播并经瑞士转交给日本政府。

史汀生仍然力争把日本空军控制起来，他在会上提出，美国应该停止轰炸，包括原子弹轰炸。杜鲁门不太赞同这种想法，但是他在下午召开的内阁会议上又重新做了考虑。福莱斯特尔说："我们将以目前的强度继续作战，直到日本人同意这些条件为止，然而有一条限制，即不再投掷原子弹了。"美国商务部长亨利·华莱士在他的日记里记录了杜鲁门改变想法的理由："总统说，他已经下达命令停止原子弹轰炸。他说想到要再消灭10万人太可怕了。他不喜欢屠杀他所称的'那些小家伙'的主意。"

美军曼哈顿工程区司令格罗夫斯热衷于使用原子弹这种新型武器，提前4天又安装了一个"胖子"。他向马歇尔汇报说，预计8月12日或13日，从新墨西哥州运来的钚弹芯和引爆器将抵达提尼安岛。只要在运输途中不发生意外，这颗原子弹可以在8月17日或18日在合适的气候条件下投掷。马歇尔告诉格罗夫斯，总统不希望再用原子弹进行轰炸。格罗夫斯尽管感到有些遗憾，还是奉命停止了原子弹的运输工作。

8月10日这一天，日本的各种调查团集中起来，对这个灾难事件的整个过程进行分析。在座的大多数人确信美国人投下的是原子弹，不过还有人不相信。1位海军学校的教练员说，美国人用的是另一种类型的炸弹，这种炸弹含有液态空气。仁科发言时，首先叙述了日本在原子弹研究上的发展情况，然后强调自己亲自参加过这项工作，并确认这就是原子弹造成的后果。

为了避免平民的伤亡，一些科学家不断呼吁日本政府放弃军国主义政策，选择和平的道路。在轰炸长崎前，美国科学家阿尔瓦雷斯和莫里森等人写了一封信，敦促日本结束战争。信被抄写了3份，牢牢地系在3个测量仪表上，随同仪表被投到长崎。信是写给坂田教授的，战前坂田曾在伯克利辐射试验室工作，是日本著名的核物理专家。信的主要内容如下：

我们将这封信交给您，恳请您利用您的威望让贵国参谋本部认识到，如果仍将战争继续下去的话，会有多么可怕的后果降临到普通民众的头上。相信您应该很清楚，一旦掌握了这种技术，造出更多的原子弹是很容易的事。美国已经建成了各种必需的工厂，生产了大量的原子弹材料。这些工厂的产品一旦在日本上空爆炸，会造成难以意料的后果。仅仅三个星期的时间，我们就在美国沙漠上进行了一次原子弹试爆，在广岛投下了第二颗，今天，又将投下第三颗。

我们恳请您用上述事实向您的领导人说明利害，并尽力让那些领导人不要再继续破坏和杀伤人命。这场战争如果继续下去，唯一的结果就

194

是贵国多数城市的彻底毁灭。作为科学家,辉煌的科学发现被这样利用,我们感到非常痛心。不过,我们可以明确告诉您,如果贵国不投降,那么原子弹必将会像雨点般落在贵国美丽的土地上。

"胖子"在长崎爆炸后,这封信被交给日本海军侦察部,后来转到坂田教授手中。至于在促使日本投降中起到多大作用,不得而知。

第八章

一个新的时代开始

　　国歌结束后，天皇裕仁低沉的广播录音开始响起。大多数国民是第一次听到天皇的声音，听着听着，他们感到日本成了名副其实的战败国。许多人禁不住号啕大哭，有的当场昏倒。过去的 10 年里，他们听得最多的是皇军一个接一个的胜利，他们津津乐道着皇军占领他国的土地，屠杀当地的人民。

◎ 不甘心成为战败国

　　遵照天皇旨意，铃木内阁于御前会议结束后即刻起草了停战诏书。日本有这样一个传统，那就是天皇从来不进行公开演说，更不会在国民面前抛头露面，停战诏书只能先进行录音，再通过广播告知全体国民。

　　8 月 14 日 23 时 30 分，日本天皇裕仁被护送到皇宫东侧内务省的二楼，站在麦克风前，他问技师："朕的声音应该多大？"技师告诉他按平时说话的声音即可。然而，裕仁仍下意识地放低声音开始宣读停战诏书：

　　朕深鉴于世界之大势与帝国之现状，欲以非常之措置，收拾时局，兹告尔忠良之臣民。朕已命帝国政府通告美、英、中、苏四国接受其联合公告。盖谋求帝国臣民之康宁，同享万邦共荣之乐，乃皇祖皇宗之遗范，亦为我所眷眷不忘者也。曩者，帝国所以对美、英两国宣战，实亦出于庶几帝国之自存与东亚之安定。至若排斥他国之主权，侵犯他国之领土，固非朕之本志。

然交战已四载，纵有陆、海军将士之奋战，百官有司之奋勉，亿众庶之奉公，各自克尽最大努力，战局并未好转，世界大势亦不利于我。加之敌新近使用残虐炸弹，频杀无辜，惨害所及实难逆料。若仍继续交战，不仅终致我民族之灭亡，亦将破坏人类之文明。如斯，朕何以保亿兆之赤子，谢皇祖皇宗之神灵！此朕之所以卒至饬帝国政府接受联合公告也。

朕对于始终与帝国共同为东亚解放合作之各盟邦，唯表遗憾之意。念及帝国臣民之死于沙场、殉于职守，毙于非命者及其遗族，五内为裂。而负战伤、蒙灾祸、失家业者之生计，朕亦深知尔等臣民之衷情。然时运之所趋，汝等欲耐其难耐，忍其难忍，以为万世开太平之基。

朕于兹得以护持国体，信倚尔等忠良臣民之赤诚，常与尔等臣民共在。若夫为感情所激，妄滋事端，或同胞互相排挤，扰乱时局，因而迷误前途，失信义于世界，朕最戒之。宜念举国一家，子孙相传确信神州之不灭，任重而道远，倾全力于将来之建设，笃守道义，坚定志操，誓期发扬国体之精华，勿后于世界之潮流。望尔等臣民善体朕意。

裕仁的声音有些结巴，他念完后，问技师："你看怎么样？"技师不知如何回答，最后只得说有几句话录得不太清楚。裕仁就又把讲稿读了1遍，但这次声音又有点过高。裕仁提出要读第三遍，技师实在不忍心再让天皇忍受这种煎熬，就说可以了。裕仁的讲话复制了2份，1份备用，1份拿去播出。由于传言军队要政变，录音带藏在内务省。1名皇室内侍找到1个小保险柜，锁好录音带后又用一摞纸把它盖好。

8月15日1时，即裕仁返回皇宫后不久，1群荷枪实弹的少壮派军人包围了"吹上御所"。负责守卫皇宫的近卫师团师团长森猛纠仍在办公室。门突然被撞开了，一伙人闯了进来。这些人有陆军部的细中少佐、东条英机的女婿古贺少佐、陆军大臣阿南惟几的内弟竹下少佐等人。

森猛纠马上明白了这伙人的用意，对着枪口说："我知道你们想干什么，但我身为近卫师团长官必须服从天皇的旨意，我的部下也必须这样做。"

细中等人不由分说，一声枪响，森猛纠倒在血泊中。随后，1000多人将皇宫团团围住。这伙人的目的是要搜查整个皇宫，毁掉天皇的停战诏书。他们搜遍了所有地方，都没有找到。1位士兵用枪指着那位负责录音的技师，让他说出保存录音带的人。技师撒谎说，那个人是个高个子，已经走了。

宫内大臣石渡聪太郎感到这件事和当年的"二二六事件"如出一辙。他清楚地记得，1936年2月26日，一批少壮派军官率领1000多名陆军士兵冲进首相官邸和东京警视厅，杀死了前首相斋藤、前大藏大臣高桥和前陆军总监渡边，现任首相铃木那时是首相侍卫，在事变中负伤。不到10年，悲剧又重演了。

15日4时多，日本2号公路上，37个人乘坐1辆卡车和1辆小汽车，由广岛向东京全速驶来。37人中有5个学生，2人是广岛青年军成员，其余都是军人。他们自称是"国民神风队"，佩带着手枪、军刀和机关枪，在广岛警备队队长佐佐木上尉的率领下，直扑首相官邸，妄图杀掉主张投降的首相铃木贯太郎。如果赶上内阁开会，就一网打尽。在他们心中，首相是个十足的卖国贼。

铃木不在家。佐佐木下令搜查各个房间，当他们发现首相确实不在家时，便把满腔怒火发泄到这座房子上。他下令点燃房子，并用机枪拦截赶来救火的消防车。

黎明前，军队的高级将领打电话劝这些反叛者撤出，政变得不到外界支持，注定会失败。然而，这些少壮派暴动分子仍不甘心，他们派出一个连来到日本广播协会的大楼，将60多名值夜班的工作人员锁进第一工作室，妄图阻止天皇的录音广播。

5时10分，东区陆军司令田中来到皇宫，把传达政变命令的田原少佐逮捕，政变遂告失败。发动政变的少壮派军官纷纷自杀身亡。

7时21分，日本广播协会播音员馆野通过广播对外宣布："今天午时，天皇陛下将播放谕旨，届时敬请大家恭听天皇的声音。"

尽管这场反对投降的有组织的叛乱已经被平息，但天皇的侍从仍十分担心录音带的安全。他们把1盘录音带和御玺放在1个盒子里，从内务省公开送到广播大楼。另1盘录音带由1位内侍放在饭袋里，悄悄带出内务省大楼，然后乘警车运往广播大楼。11时20分，在试播录音时，1名军事警察拿出佩剑，声称要杀死播音员，被卫兵即时抓获。

正午时分，东京的广播电台响起了著名播音员和田信贤的声音："请注意，这是极其重要的广播，请所有听众起立。天皇陛下现在向全体日本国民宣读诏书，我们以崇敬的心情播放天皇陛下的讲话。"

日本国歌《君之代》响起，国歌结束后，天皇裕仁低沉的广播录音开始响起。大多数国民是第一次听到天皇的声音，听着听着，他们感到日本成了名副其实的战败国。许多人禁不住号啕大哭，有的当场昏倒。过去的10年里，他们听得最多的是皇军一个接一个的胜利，他们津津乐道着皇军占领他国的土地，屠杀当地的人民。一些少壮派军官不甘心就这样投降，他们又策划了更大胆的行动，但均以失败告终。

◎ 彻底放下武器

8月29日，美军"密苏里号"战列舰驶进东京湾，准备接受日本投降。与此同时，全副武装的美国海军陆战队第四师在横须贺登陆。

此时，扛到底的日本叛乱者组织了"神风"轰炸机群，妄图炸沉"密苏里号"。在投降前最后的狂乱时刻里，裕仁把他的皇族成员派到各个要塞据点，要求遵守天皇的命令。他的弟弟高松亲王及时赶到厚木机场，劝阻那些杀气腾腾的人，要他们不要起飞。

9月2日9时，日本代表团在外交大臣重光葵和参谋总长梅津美治郎的带领下，登上"密苏里号"战列舰，向远东盟军最高统帅麦克阿瑟为首的联合国代表团投降。麦克阿瑟代表盟国对日本代表团说："现在，我命令，日本天皇和日本政府代表、日本帝国大本营代表在投降书上指定的地方签字。"

9时4分，日本外交大臣重光葵代表天皇和日本政府在投降书上签上自己的名字。接着，尼米兹海军上将代表美国政府、徐永昌将军代表中国政府、福莱塞海军上将代表英国政府、杰列维扬科中将代表苏联政府、布雷米海军上将代表澳大利亚政府以及加拿大、法国、荷兰、新西兰等国的代表们一一在日本投降书上签了字。

日本签字投降

9 时 25 分，麦克阿瑟宣布："让我们祈祷世界恢复和平，愿上帝永远护佑和平。仪式到此结束！"

一个新的时代开始了。

当晚，"'神风'特攻之父"大西泷治郎在绝望中剖腹自杀。他在遗书《致特攻队员之英灵》中说："诸位竭力善战，我借此聊表谢忱。诸位深信最后之胜利属于日本……惜宏愿未酬，唯有一死向特攻队员之英灵及遗眷谢罪。"

同一天，日本天皇发布诏书，命令日本军队"立即停止敌对行为，放下武器"，着实履行投降书上的一切条款。日本新任首相东久迩宫稔彦王向全国发表文告，要求国民"秉承天皇圣旨""正式投降，唯有顺从"。

9月3日被定为中国抗日战争胜利纪念日。此后，中国各战区分别举行日本投降签字仪式。

9月8日，美军曼哈顿工程区司令格罗夫斯的助手法雷尔率领美军调查团抵达广岛。令这些美国人感到意外的是，广岛人并没有表现出特别不满的敌对情绪。来自东京的核辐射专家津津木雅教授向调查团简要介绍了情况。死亡人数太多了，除了烧伤、炸死和核辐射外，津津木雅暗示说，许多人莫名其妙地死了，他进一步猜测美军的原子弹中是不是含有毒气。

法雷尔不得不给津津木雅讲明原子弹的结构，以便说明原子弹中不可能含有毒气。随后，津津木雅开始涉及主要话题：在广岛居住是否安全。对此，法雷尔说一切要等调查后才能作出结论。如果在广岛绝对不安全的话，他们的调查组也不会来到这个地方。

在法雷尔的安排下，科学家们携带各种仪器分成多个小组，分别到不同的地方调查。在离爆炸中心2.5公里的地方，塞伯尔在1处断壁上发现了1处烧焦的痕迹，他很高兴，这说明他们事先估计的燃烧量是正确的。

莫里森在红十字医院里发现了1个与近处格子推窗相同的十字形图案，他确信炸弹起爆的高度和在洛斯阿拉莫斯的计算十分接近。在日军的1个司令部里，向导告诉莫里森说，爆炸时，护城河里的睡莲变成了黑色，但后来又活了。莫里森经过仔细观察，睡莲仍在生长，这说明土壤中没有渗入放射性元素，否则它早就死了。

9月9日9时，中国战区日军投降签字仪式在南京国民政府中央军校大礼堂举行。受降席居中座的是中国国民革命军陆军总司令何应钦，左为海军上将陈绍宽、空军上将张廷孟，右为陆军二级上将顾祝同、陆军中将萧毅肃。投降席上坐着日本中国派遣军总司令冈村宁次、驻华日军总参谋长小林茂三郎、副总参谋长今井武夫等 7 人。参加受降仪式的中国方面，还有国民党将领汤恩伯、王懋功、李明扬、郑洞国等。盟军将领有美军麦克鲁中将、柏德勒少将，英军海斯中将等。

9 时 04 分，何应钦命冈村呈验签降代表证件。接着，何应钦将日本投降书中日文本各一份交陆军总参谋长萧毅肃转交冈村。冈村双手捧接，低头阅读。小林茂三郎则在一旁替他磨墨。冈村阅毕，提笔写上自己的名字，并从上衣口袋内取出印章，盖在名下，低头俯视降书达 50 秒钟。可能是由于紧张，冈村的印章盖歪了。小林将冈村签名盖章的降书呈交何应钦。随后，冈村起身肃立向何应钦深鞠一躬。

9 时 10 分，中国战区日本受降仪式完毕，日本代表退出会场。受降仪式结束后，何应钦向全国及全世界发表广播讲话："敬告全国同胞及全世界人士，中国战区日本投降签字仪式已于 9 日上午 9 时在南京顺利完成，这是中国历史上最有意义的一个日子，这是 8 年抗战的结果。从此，中国将走上和平建设大道，开创中华民族复兴的伟业。"

9 月 11 日，美军来到东条英机的住所，宣布对他实施逮捕。东条试图用手枪自杀，但他的枪法太不准了，子弹竟没射中心脏。这个战争狂人不但没有逃脱法律和正义的裁决，还引来了一阵嘲笑和斥骂。东条被捕的次日早晨，曾参与策划太平洋战争的日本陆军元帅杉山元也用手枪自杀了。时隔不久，日本开战前夕下台的首相近卫文麿担心成为战犯在狱中度过余生，于是服毒自尽。

◎ 功臣遭迫害

9 月 12 日，美国调查团结束调查，在东京帝国饭店召开记者招待会。调查团团长法雷尔宣布说，广岛不是 1 座完全被焚毁的城市，他承认有些人因为白细胞下降而死亡，但他认为那只不过是一种不常见的副作用，如果治疗得当，是不会产生危险后果的。他的这些讲话其实是在重复奥本海默等人的论调，他们坚持认为原子弹和常规炸弹是一样的，只是爆炸规模不同罢了。

这时，调查团成员伯切特起身讲述了他在广岛的见闻，说到大批人死于放射性疾病，要求法雷尔对此做出解释。法雷尔仍坚持自己的看法，反复强调是缺乏足够的药品，导致病人得不到好的治疗。伯切特又列举了很多第一手证据，试图说明这些死者不是因为治疗不得当而死。法雷尔显得有些不耐烦，打断了伯切特的陈述，并私下说伯切特恐怕成了日本宣传的牺牲品。

调查团的高级军医沃伦上校支持法雷尔的结论，他在 9 月 10 日发给华盛顿的秘密报告中指出，因核辐射引起的死伤人数尚且不知，但初步调查结果表明幸存者中只有少数人受伤。后来，沃伦向国会声称死于核辐射的人数为 7%～8%。

9 月底，世界原子能控制大会在美国芝加哥大学召开。经济学家雅各布·瓦伊纳在会上说，原子弹是迄今为止设计出来的最便捷的杀人方法。随着美国和苏联两个大国的出现，组成一个维护和平的世界政府是不可能的。过去，谁是敌人还不是十分清楚。现在，又出现两个大国，目标就会十分明显。他认为，原子战争在更大的程度上是一种心理战。当美国和苏联都拥有原子弹后，心理战就开始了。要相信原子弹有取得和平的作用。它有极大的威慑作用，当别人用原子弹对付你时，是要付出代价的。因此，用原子弹武装起来的世界将会处于一种恐怖的平衡。

物理学家齐拉特说，原子弹的威力会越来越大，苏联在两三年或五六年也会制造出原子弹，到那时，我们就会达到一个武装的和平，这是一个威慑的和平。然而，这种和平不知会不会持续下去，一旦发生第三次世界大战，那么越迟危害就会越大。他还认为，第三次世界大战后，胜利者将会创造一个世界政府。不过，即使美国胜利，至少也会损失 2500 万人。

齐拉特的研究兴趣显然脱离了核物理学，也许他是担心原子弹可能会毁灭地球，也许他已不再认为核物理是一个前沿阵地。他很快转移了自己的兴趣，开始从事生物学方面的研究。

10 月 16 日，美军曼哈顿工程区司令格罗夫斯来到洛斯阿拉莫斯原子弹试验基地，代表陆军部向原子弹实验室送去感谢状。奥本海默作为实验室的主任，代表整个实验室接受了感谢状。他已经决定回加利福尼亚，继续从事教学工作。这是他担任主任的最后一天。

后来，洛斯阿拉莫斯实验室的拉比回到哥伦比亚大学，威格纳回到普林斯顿大学，阿尔瓦雷茨、西博格和赛格雷回到伯克利大学，基斯塔科夫斯基回到哈佛大学。乌拉姆先是去了加州大学洛杉矶分校，在那儿他感到很不愉快，就又回到了洛斯阿拉莫斯。查德威克和英国代表团的大多数成员都回到了英国，由于已经熟悉了原子弹的一切制造过程，他们很快就为英国造出了原子弹。奥本海默由于在原子弹研制过程中起的决定性作用，被美国《时代》杂志选为封面人物，并被誉为"原子弹之父"。

奥本海默于 1945 年至 1953 年担任美国政府和国会制定原子能政策的主要顾问，并 2 次担任美国政府原子能委员会的总顾问委员会主席。这不仅是因为其作为"原子弹之父"的巨大声望和有关原子能的广博知识，也是因为他在分析理解问题时的透彻敏锐和表达阐释问题时的准确优雅。这些条件加上他在科学界所受到的尊敬，他与委员会中其他科学家成员的亲密关系，使得他在为政府服务时，有着极大的影响力。

奥本海默在得知原子弹使十几万无辜日本平民丧命后，心情格外沉重，他建议取消原子武器研究所。他见到杜鲁门后竟然情不自禁地哭了起来："我们的双手沾满了鲜血。"奥本海默对原子弹的危害有着深刻的认识，并为之而感到内疚。他担心美苏两国将要展开核军备竞赛。他认为科学家应当具有坚持人类基本价值的良知，还要有高度的社会责任感。在各种场合，他都满腔热情地投入到原子能的国际控制与和平利用，反对美国率先制造氢弹，他的这种观点曾一度在原子能委员会中占据主导地位。

美国军方和军工企业对于削减国防经费感到十分不满。特别是苏联原子弹的试验成功，打破了美国的核垄断地位，二战结束以来两大阵营之间冷战逐渐兴起。美国政府和少数科学家开始主张发展氢弹，以遏制苏联。奥本海默冻结核军备的设想落空了。不仅如此，他反倒使自己卷入了政治旋涡的中心。艾森豪威尔上台后，奥本海默成了政治迫害的对象。

◎ 调查从未停止

11 月 19 日，远东盟军最高司令部下令逮捕日本前首相小矶国昭陆军上将等 11 名战犯。

12 月 2 日，远东盟军最高司令部宣布逮捕前首相平沼骐一郎、广田弘毅等 59 名战犯。

1946 年 4 月 29 日，远东国际军事法庭正式起诉东条英机等 28 名甲级战犯。法庭设在原日本陆军省，庭长室就设在东条英机原来的办公室。5 月 3 日，对日本战犯的东京审判正式开始。直到 1948 年 11 月 12 日结束，整个审判前后持续 2 年 6 个月，共开庭 818 次，法官内部会议 131 次，有 419 位证人出庭作证，779 位证人提供证书和宣誓口供，受理证据 4336 份，英文审判记录共 48412 页。

1946 年 8 月，广岛市统计了一下被毁的建筑物。该市大约有建筑物 76327 幢，其中 70147 幢被毁，被毁坏的建筑物达到了 92%。原子弹的爆心投影点在市中心，爆心投影点 2 公里内，所有建筑物全被烧毁和破坏。

1946 年 4 月 29 日，远东国际军事法庭对东条英机等 28 名甲级战犯正式起诉

据长崎市政府调查，战前长崎市的住宅约 51000 户，原子弹爆炸前疏散了 2050 户。房屋被破坏 19500 户，大约有 37% 的建筑物被毁坏。

对于原子弹爆炸的受害者人数，由于广岛和长崎在炸前都没有准确的统计资料，所以不能准确地统计出伤亡数。当时，适龄青壮年全部应征入伍，儿童和老人疏散，工厂迁移，市民外流很多。另外，为设立防火线动员了大量学生和国民义勇军等进城拆毁建筑物。广岛还有几个军事设施，里边有不少军人和民工。驻扎在广岛的第二军总司令部为准备在日本本土决战，正招兵买马，扩充兵员。长崎动员了大量的学生报国队、女子突击队和国民义勇军，甚至还有俘虏和囚犯，另外还从朝鲜强征了许多当地人加强军火生产。

据估计，长崎的人口比广岛还多。战后的调查表明，在爆炸中心点 0.5 公里范围内，人口死亡率高达 90% 以上；0.5～1.0 公里范围内，死亡率达 80% 以上；1.5 公里范围内，死亡率也达到了 50% 以上。

原子弹爆炸的受害者不仅指瞬间爆炸时的直接受害者，还有很多受放射性影响的间接受害者。受剩余核辐射的间接受害者大致有三类人：一是爆炸后，急急忙忙进城寻找家人和亲戚朋友或参加救助活动和清理废墟的人，这些人很早就进入了市区；二是救护人员，主要是那些在紧急救护所和收容所救助伤员和处理遗体的医护工作者；三是淋到"黑雨"而沾染上"死灰"的人，由于"死灰"具有放射性，他们也成了受害者。这些间接受害者受到的核辐射比直接被爆者要轻得多，但这种放射性的危害，没有人知道它能持续多少年。

原子弹爆炸后，两市陷入毁灭状态，不仅政府不起作用，连防卫、救护、医疗、警备、消防等部门也都遭到破灭，全市一片混乱。广岛市政府战前共指定了 6 个避难所，分别位于市政府、本川国民学校、福屋百货商店、工商经济会、安艺高级女子学校、多闻院，后 2 个离市中心比较远，政府在这 6 个地方建立了比较坚固的建筑物。爆炸发生后，这 6 个地方几乎被烧毁或倒塌，无法使用。

到底有多少人死于原子弹下，统计数字不稳定，但毫无疑问地始终呈上升的趋势。日本 1956 年成立了一家特别医疗中心——广岛原子弹医院，床位多达 200 张，一直在收治大量的"原子弹"复合症，诸如智力迟钝的痴呆、染色体"畸变"的不育症、癌症、白血病、复合骨髓瘤以及其他罕见的血液病等慢性病变的患者。

据不完全统计，原子弹爆炸后，广岛当时疏散的 24.5 万人中，当场死难者达 7.8 万多人，负伤失踪者 5 万多人。1985 年 7 月 20 日，广岛市有关部门发表的原子弹被害者调查报告中公布：广岛直接遭受原子弹侵害和受到原子弹放射影响的被害人数高达 49 万；长崎当场有 3.4 万多人死亡，7.5 万多人受重伤。在伤亡人员中，很多人是受到放射性沾染的伤害。据 2003 年统计，长崎市遭受原子弹爆炸伤害并相继离开人世的人数已经达到 131885 人，这个数字还在增加。

从 1946 年开始，美国和日本对遭受原子弹爆炸的广岛和长崎进行了长期的详尽的调查。随着调查的深入，原子弹破坏力的真面目渐渐被揭开了。原子弹是一种前所未有的破坏性武器。爆炸产生的巨大能量以光辐射、冲击波和核辐射等多种形式释放出来，短短的一瞬间，相当大范围内的物体会受到破坏，不是被杀死就是受重伤。除了原子弹自身强大威力，人们对这种破坏力巨大的武器既一无所知，又不知怎样预防。在研制原子弹的过程中，"曼哈顿工程"的临时委员会就设想了原子弹使用的范围，不是用于敌对双方争夺的战场上，而是用在人口密集的"双重目标区"。这些地区不仅有军事设施和兵工厂，还有大量的民用住房和其他建筑物。

和以前人类历史上出现的其他武器不同，原子弹能释放出常规武器所没有的巨大的核辐射能。这种能量可以穿透被爆者的机体，引起各种各样的损伤和疾病，辐射杀伤成倍地加重了大面积破坏的惨状，大大增加了死亡率。广岛和长崎有些居民由于疏散及时或者外出离城，而幸免于难，但是他们失去了亲人，也失去了房屋和财产。家庭没有了，工厂没有了，只剩下孤独一人，这种精神打击是可想而知的。

原子弹不仅给广岛和长崎两个城市造成了巨大的灾难，来自周围村镇和其他地区的居民以及外国侨民也不能幸免。当时市内绝大多数人不是被炸死就是被炸伤。原子弹爆炸不仅对周围地区的居民造成伤害，甚至还殃及更远的居民。这些受害者，他们的家庭同样也蒙受沉重的打击。除此之外，爆炸发生后，许多人纷纷来到广岛和长崎看望亲友。有些人作为民防和救护人员进入爆炸中心，还有些人淋了"黑雨"，这些人受到了程度不同的剩余核辐射。这些射线不仅在当时对人有伤害，就是几十年后仍然对人有一些影响。可以说，原子弹不仅伤害了当时的人们，也会殃及他们的后代。

原子弹不但使广岛和长崎整个地区全面瓦解，还对人类不加区分地进行屠杀。社会崩溃了，生态破坏了，生物灭绝了，可以说是一次赤裸裸的种族屠杀，是对整个地球和整个人类的破坏。广岛和长崎的遭遇使人们首次感受到人类灭绝的恐惧。人类用自己的双手制造出灭绝自己的武器，这无疑是现代文明对人类的嘲讽。

◎ 战犯去，和平来

　　1948 年 4 月 16 日，远东国际军事法庭宣布休会，以作出判决。从 11 月 4 日起宣读长达 1231 页的判决书，到 12 日才读完。整个东京审判耗资 750 万美元。

　　11 月 22 日，远东盟军最高司令官麦克阿瑟批准了远东国际军事法庭的判决书。然而，他并未按《联合国宪章》的要求立即执行判决，反而把广田弘毅、土肥原等被告的上诉书转给美国最高法院，从而推迟执行对所有被告的判决。

　　12 月 6 日，美国最高法院以 5 票对 4 票同意了远东国际军事法庭审理被告的上诉。消息传出，世界一片哗然。当时远东国际军事法庭的中国法官梅汝璈说："如果代表 11 国的国际法庭所作的决定要由某一国的法庭来重新审理，不管它是多么高的法院，都会令人担心。"在世界舆论的强大压力下，美国司法部副部长致函美国最高法院，指出最高法院无权干涉远东国际军事法庭的判决。

12 月 20 日，美国最高法院最终以 6 票对 1 票拒绝重新审理。这样，最终判决向后拖延了 40 天。东京审判的被告最初是 28 人，前外交大臣松冈洋右和海军上将永野修身病死，为日本侵略炮制法西斯理论根据的大川周明因发狂而诊断为精神病只得中止受审，所以只对 25 人完成了最后的判决。在这 25 人中，东条英机等 7 人被判处绞刑，荒木贞夫等 16 人被判处无期徒刑，东乡茂德被判处有期徒刑 20 年，重光葵被判处有期徒刑 7 年。

12 月 23 日，东京时间 0 时至 0 时 30 分，东京巢鸭监狱。远东国际军事法庭对东条英机等 7 名主要战犯执行了绞刑。至此，继墨索里尼和希特勒后，最后一个轴心国的法西斯大魔头东条英机终于结束了他罪恶的一生。

1949 年 9 月，苏联成功试爆了第一颗原子弹。

1950 年 1 月，美国洛斯阿拉莫斯原子研究中心的核心人物之一克劳斯·福克斯因间谍罪被捕。据说，他向苏联提供了原子弹的秘密资料，并透露了一些制造氢弹的细节。杜鲁门下令启动氢弹研究应急计划，泰勒对奥本海默阻止这项研究十分不满，两人的关系出现了裂痕。

美国总统杜鲁门宣布美国要制造氢弹。消息一经公布，曾参与原子弹轰炸广岛、长崎的原气象侦察机长伊瑟莱想用自杀的方式来抗议杜鲁门的这个决定，他最终被救活了。不久，美国政府对参与广岛和长崎轰炸活动的人授以奖章。伊瑟莱认为，轰炸行动是他最难以忍受的事。他故意多次制造犯罪事件，让人们以为他不是战争英雄。伊瑟莱的行为十分反常，以致多次被送进精神病院。后来，妻子和他离了婚。1979 年，伊瑟莱因癌症去世，终年58 岁。

1953 年 12 月，美国政府开始对奥本海默进行安全审查并取消了他的安全特许权。

1954 年 3 月 1 日，美国在太平洋马绍尔群岛的比基尼环礁进行了氢弹爆炸试验，290 人遭到试验的危害。当地 3 个珊瑚岛上的 239 名居民中，有 46 人在随后的 10 年内死亡。在郎格里岛上的美国气象工作者 28 人受到辐射。爆炸发生 3 个小时后，在比基尼环礁以东约 1 公里处捕鱼的日本"福龙丸 5 号"渔船受到"死灰"的沾染。尘埃连续降落 6 小时，23 名船员很快出现头痛和恶心症状。

3 月 14 日，"福龙丸 5 号"渔船返回烧津港。经诊断，全体船员患上了"原子弹病"，皮肤出现水疱，头发脱落。最严重的久保山爱吉于 6 个月后死去。从捕回来的鱼中也检测出有很强的放射性。此事震惊了日本国民。

3 月 27 日，日本烧津市议会代表市民作出决议，禁止把原子能作为武器使用。随后，日本全国的地方议会几乎都作出反对原子弹的决议。国会参、众两院也作出"国际监督原子能的决议"。民间各界明确发表声明和抗议。

国民呼声中，最突出的是 5 月 9 日的"杉并呼吁"，它由普通的市民团体"杉之子会"发出，该会是东京杉并区妇女读书会，她们自发组织了"禁止氢弹签名运动杉并协议会"。杉并妇女到市场买东西的菜篮子里都装着签名簿。到了 11 月底，共有 1800 万人签名。"杉并呼吁"的口号是：全体国民参加"禁止氢弹"签名，呼吁世界各国政府与民众禁止氢弹，保卫人类生命与幸福。它排除了政治色彩，阐述的是人道主义立场。人们从比基尼受害者和"死灰"恐怖中，联想到广岛、长崎的惨状。比基尼事件的新核恐怖冲击使广岛、长崎反原子弹的情绪更加高涨，推动了声势宏大的反对原子弹的国民运动。

4月12日至5月6日，在长达4周的安全听证会上，奥本海默被美国政府起诉。罪状是他早年的左倾活动和延误政府发展氢弹的战略决策，他甚至被怀疑为苏联的代理人。听证会上，泰勒明确提供了对奥本海默不信任的证词，导演了反对奥本海默的运动中最不幸的一幕。这种做法引起了物理学家们的反感，他们都不愿搭理泰勒。最后，尽管审查的结果"没有发现他对国家有过不忠诚的行为"，但是原子能委员会的保安委员会和原子能委员会仍然分别以2：1和4：1的多数，决定剥夺奥本海默的安全特许权，从而将他逐出了政治舞台，使他多年的从政生涯及与核武器12年的缘分戛然而止。

奥本海默失去政府的信任，仍然担任普林斯顿高级研究院院长，反而得到更多科学家和公众的支持、爱戴。后来，肯尼迪总统决定遴选奥本海默为1963年的恩里拉·费米奖得主（美国授予科学家的最高奖项），以表彰他对科学和科学共同体的贡献，表彰他对国家的奉献精神。不幸的是肯尼迪遇刺身亡，只能由他的继任者约翰逊给奥本海默颁奖。奥本海默在颁奖仪式上说："我想，今天的仪式是需要您的胆量和宽容的，我觉得这是我们光明前景的预兆。"

5月15日，禁止原子弹氢弹广岛市民大会召开。会议发表声明，禁止制造、试验和使用核武器。

1955年4月，爱因斯坦在弥留之际，与英国哲学家罗素共同发表了著名的《爱因斯坦－罗素宣言》，向全世界发出反问："我们将结束人类的生存呢，还是人类将结束战争？"爱因斯坦生前曾写过很多文章，阐述核战争对人类毁灭性的威胁。如今，随着各国禁核运动的发展，国际社会渐渐增加了对抗灾难的信心，核战争也是可以避免的。

1955 年 8 月 6 日，即原子弹爆炸 10 周年，禁止原子弹氢弹世界大会在广岛举行，12 个国家的 54 名代表参加。高桥昭博和山口女士代表广岛和长崎被害者发了言，他们以自己的亲自经历痛斥了原子弹给人类造成的危害。与会者对援助被害者和废除核武器的倡议报以雷鸣般的掌声。会议呼吁制定被害者援护法。到 8 月末，100 多万人签名支持这项运动，并将签名簿送交联合国总部。